百部青少年爱国主义教育读本

革·命·英·烈·系·列

宁死不屈为信仰

——刑场忠魂卷

杨江华◎主编

湖南科学技术出版社

图书在版编目（CIP）数据

宁死不屈为信仰——刑场忠魂卷 / 杨江华主编.—长沙：湖南科学技术出版社，2012.10（2021.9重印）

（百部青少年爱国主义教育读本）

ISBN 978-7-5357-7411-8

Ⅰ.①宁… Ⅱ.①杨… Ⅲ.①爱国主义教育－中国－青年读物②爱国主义教育－中国－少年读物Ⅳ.①D647-49

中国版本图书馆 CIP 数据核字（2012）第 225324 号

革命英烈系列编委会

主　编：杨江华

执　笔：马瑞雪　王　冉　王腾飞　刘京蕾

侯彦楠　郄梦泽　徐艳华　董圣洁

百部青少年爱国主义教育读本

宁死不屈为信仰——刑场忠魂卷

主　　编：杨江华

责任编辑：程立伟　李文瑶

出　　版：湖南科学技术出版社

社　　址：长沙市湘雅路 276 号

http：//www.hnstp.com

邮购联系：本社直销科　0731-84375808

印　　刷：三河市信达兴印刷有限公司

（印装质量问题请直接与本厂联系）

厂　　址：三河市杨庄镇大窝头村西

邮　　编：065200

出版日期：2012 年 10 月第 1 版第 1 次　2021年9月第2次印刷

开　　本：710mm×1000mm　1/16

印　　张：11

字　　数：132000

书　　号：ISBN　978-7-5357-7411-8

定　　价：36.00元

写在“百部青少年爱国主义教育读本”书前

中国人民大学中共党史系主任、博士生导师
中国中共党史人物研究会副会长
杨凤城

十年树木，百年树人。

对青少年进行爱国主义教育需要从长计议。今天的信息技术还在高速发展中，传播速度极为惊人，世界范围内的各种思想文化在人们的精神世界中相互激荡碰撞。弘扬和培育以爱国主义为核心的民族精神，是国民教育的重要任务，务必在精神文明建设过程中一以贯之，不容忽视，更不得有一丝松懈。

大处着眼，一个民族的精神必须适应时代发展的潮流，跟得上历史进程的趋势。小处着手，爱国主义教育尤其是对青少年的爱国主义教育工作，务必落实下来，落到实处，并且需要一个饶有兴味的形式呈现出来。惟其如此，爱国主义的精神气脉才能入乎眼耳，存乎心胸，真正成为个体生命的一部分。

中国人民百年来反对外来侵略和压迫，反抗腐朽统治，争取民族独立和解放，前赴后继，浴血奋斗的精神和业绩，可谓感天动地；中国共产党领导全国人民为建立新中国而英勇奋斗的崇高精神和光辉业绩，可与日月同辉。中国历史上尤其是中国近现代史上涌现出的著名爱国者、民族英雄、革命先烈和杰出人物，以及新中国成立以后涌现出的许许多多的英雄模范人物，他们是青少年爱国主义教育中最新鲜、最活泼、最具说服力的素材。

因此，对青少年推进行之有效的爱国主义教育，要突出和加强中国近现代史，尤其是中国共产党诞生之后的革命主题和红色主旋律的宣传。

“百部青少年爱国主义教育读本”系列丛书，以“弘扬红色主旋律”、“结合现实问题”为原则进行编写，紧紧围绕爱国主义教育的核心价值体系——爱党、爱祖国、爱社会主义，从历史到现实，从物质文明到精神文明，从自然风光到物产资源，对最广大的青少年进行丰富多彩、生动活泼的爱国主义教育，可谓正当其时，难能可贵。

眼前的系列读本，不禁让人眼前一亮，心生喜悦。编著者极力求其“真”——尊重史实的前提下，用生动活泼的语言讲述一个个真实可感的故事；尽力得其“趣”——饱含深情的语句让人物、事件在书中“活”了起来，“动”了起来，革命前辈的精神气息、信念品格扑面而来，感染着我们，感动着我们；竭力求其“美”——体例结构精心设计，又有大量珍贵历史图片资料作为辅助，更符合青少年的阅读习惯。一项项尽心尽力的创意和编辑工作，充分保证了这一系列读本的阅读价值。

寄望能通过快乐的阅读、有效的阅读，让孩子们的心灵之镜更明亮，让年轻一代的精神家园更加美好！

是为序。

2012年9月26日

目 录

Contents >>>

天才的演讲与组织者——马骏

叫我不宣传马列主义，不搞革命，这比太阳从西边出来还难！

——马骏

◎马骏

马骏（1895～1928），吉林宁安人，别名马天安，字遹泉，号准台，是第一批入党的回族党员。五四运动时期后，他任天津学联副会长兼执行部长。1925年在上海发生了五卅惨案，马骏担任吉林沪案后援会会长，1927年，和马骏任中共北京市委书记兼组织部部长，负责恢复党的组织工作。同年12月，马骏被捕，1928年2月15日英勇就义，年仅33岁。

才能初露

1903年，马骏进入私塾读书，3年后，又进入清真两级学校读书——他父亲集资创办的学校。马骏从小勤奋好学，加上人又聪明，很受老师和同学的喜爱。他不仅好学，还极富正义感。

宁安，北接中东路，东靠海参崴，俄国人常常从这里路过。所以，马骏从小就会说些俄语。他经常在那里的铁路附近活动，较早地接触了工人阶级的先进思想。那时候正是中日甲午战争之后，中国渐渐沦为半殖民地半封建社会时期。民族的不幸，东北军阀的为非作歹和帝国主义的残暴横行，以及当时宁安人民反对沙俄帝国主义侵略的英勇斗争，所有的这一切都给马骏留下了深刻的印象。

为了进一步接触社会，马骏在 1912 年来到吉林一中。那时全国掀起了抵制日货热潮，他积极地投身于热潮之中。放假回家，他领导了宁安县抵制日货的运动，还演了一出《一片爱国心》的话剧，期望可以唤醒民众，抵制日货。虽然当时的马骏只有 17 岁，但他的演讲和组织才能却异常凸显。

美誉“天安”

十月革命的胜利，加快了东方革命的进程。第一次世界大战结束后，列强为瓜分土地，在巴黎召开的和平会议上，其他战胜国拒绝了中国废除“二十一条”等正当要求。这次外交的失败，在国内引发了一场震惊中外的反帝反封建的五四运动。

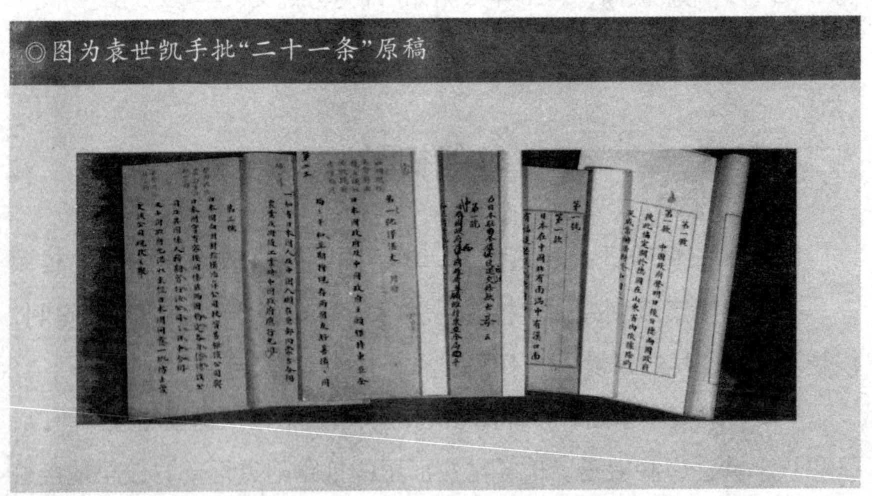

◎图为袁世凯手批“二十一条”原稿

◎油画：《五四运动》

北京五四运动的消息迅速传到了天津。随即，天津的学生也举行了游行。5 月 14 号，天津 15 所大中学校正式成立天津学生联合会，马骏为副会长兼执行部长。6 月 9 号，马骏领导了声援北京学生斗争的公民大会。大会规模空前浩大，参加会议的各界民众有两万多人。作为公民代表，马骏率众去总商会，敦促商界罢市，以响应全国的“三罢”斗争。天津总商会迫于压力同意罢市，并通电北京政府于 6 月 10 日罢市。但是由于反动政府的欺骗、卖国贼的破坏以及资本家的动摇，罢市仅仅进行了一天，就于 6 月 11 日重新开市了。

得知这一消息后，马骏当即赶到总商会。紧接着，青年学生和商民万余人包围了商会。当时，马骏质问商会为什么开市，罢市的目的还没有达到，绝不能就这样结束。商会只好召开紧急会议，并且邀请马骏列席。首先发言的是马骏，他重申了一遍罢市的目的及理由，现在目的尚未达到，为何违背众人意愿而开市呢！

会场上多数人对于马骏所述表示支持，但商会董事张荫棠却开始讥讽马骏，问他是哪里人，有无财产在天津，说他根本不知道罢市损失有多大。听到这些话，马骏非常生气。他对张荫棠说，他在天津虽无财产，但有生命，愿用生命以谢国人。接着，他向会议厅的柱子上撞去，幸好被秘书长夏琴西抱住，但他又拿烟灰缸往头上砸，对着太阳穴连着猛砸几下，烟灰缸都碎了，他的头鲜血直流。他这般不惜生命的爱国行为，感动了在场的董事。秘书长连忙起草布告，宣布再次罢市。

距离巴黎和约签字的日期越来越近了。6 月 27 日，马骏等天津代表到达北京新华门，与那里的 30 多名代表联合向北洋军阀政府请愿。刚开始，北洋军阀总统徐世昌不愿接见。马骏气愤地对大家说，一刻不接见，队伍一刻不解散。经过两天的斗争，徐世昌迫于压力，不得不接见了代表们。最终，中国代表没有在“和约”上签字，请愿代表取得了胜利。

五四爱国运动原为山东问题而起，因此山东抗日行动非常积极。就在拒签“和约”后不久，传来山东镇守使、山东戒严司令马良镇压爱国运动，杀害回教爱国会会长马云亭等领导人，同时逮捕了大批学生的消息。马骏得知后极为愤怒，痛斥马良是回族的败类。他联合一百多名回族学生，到天津最大的清真寺，集合阿訇和回族民众，宣讲马良罪行。

为了声援山东惨案，天津学生联合会派 10 名代表，同北京瞿秋白等 15 名代表汇合，在总统府前进行请愿。可是，反动政府不仅不接见，反而把这些代表送进了拘留所，还扬言要杀了这些代表。

当这一消息传到天津，马骏立即到学生联合会商量对策。他们决定继续组织队伍，进京营救被捕代表。马骏亲自带领千余人向北京出发，他豪迈地说：“我倒要看看卖国政府的监狱里，能不能容得下这么多人?”

8 月 26 日这天，各地聚集到北京的请愿代表达到五千多人，他们

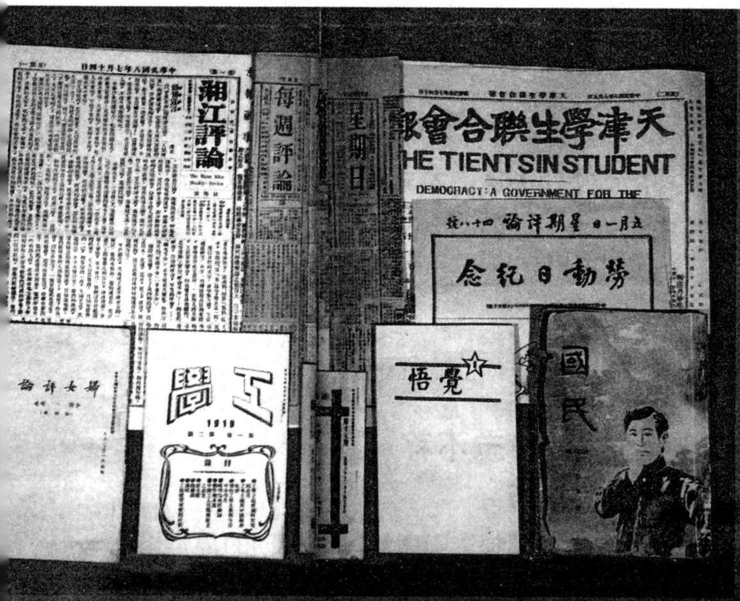

◎五四运动时，有较大影响力的一部分报刊

◎五四运动时，街头张贴的“毋忘国耻”标语

公推马骏为学生运动的代表。马骏带领代表们直逼总统府，在天安门前展开了请愿大示威。请愿斗争进行了三天三夜，学生、群众情绪激昂。反动政府恼羞成怒，发现马骏是领导，便决定逮捕马骏。但是，军警多次在天安门搜捕，毫无所获。于是，这些残暴的军警开始殴打学生，逼他们交出马骏。虽然学生们遭受毒打，不过没有一个人说出马骏的下落。马骏不忍心看着同学们为自己受罪，他挺身而出，站在军警面前，高呼：“我就是马骏！”军警立即向马骏扑来，用枪口对准他，逼他解散学生队伍，不然就枪毙了他。马骏坦然自若，面不改色地对同学们说：“同学们，我们此次来，就是抱定牺牲决心的。我虽然被捕了，不必恐惧；坚持斗争，一定会胜利。逮捕一个，便会激起十个、百个、千个爱国者。爱国者是逮捕不完的！同学们，奋斗到底！祖国万岁！”

马骏被捕的消息传开后，全国震怒，抗议书纷纷向北京飞去。8 月 28 日，周恩来也奔赴北京，营救被捕的代表们。8 月 30 日，反动政府在全国人民的舆论压力下，终于将马骏和两次被捕的学生代表释放。从此，马骏在天安门前表现出的不屈不挠、大义凛然的精神以及五四运动中大闹天安门的光辉形象，在人们的心中留下深刻的印象，同学们便亲切地称他为“马天安”。

囹圄之中，矢志不移

1919 年 11 月 16 日，日本帝国主义制造了压制爱国运动的福州惨案，此事件激起了全国人民的愤怒。天津各界联合会成立了国民大会委员会来声援“福案”，马骏被选为委员。次年年初，天津学联在天津东门内的“魁发成”杂货铺调查走私运来的日货时，遭到了日本人的毒打。当马骏等人请愿时，竟然遭到反动政府的逮捕。反动政府开始下令查封爱国团体，禁止检查日货，还到处搜捕革命学生。周恩来等人为了营救被捕代表，再次请愿时同样被捕。于是马骏、周恩来等一批革命者开始了艰苦的狱中斗争。

在狱中被拘押的同志们受尽了种种非人的折磨。反动当局不仅对代表们实行肉体摧残，还实施了精神迫害，妄图以长时间不开庭审理，来达到消磨代表们的锐气和斗志的目的。他们还对代表们进行隔离看管，以期分化瓦解他们。但是，马骏、周恩来等同志早已识破敌人的诡计，他们组织难友进行多次斗争，让敌人无计可施。当马骏的父亲来看望他时，反动派妄想借此机会让他父亲劝马骏放弃斗争。结果老人被马骏那大义凛然的爱国精神所感动，欣然支持了儿子的所做所为。后来，敌人把马骏安排到较好的房间，企图软化他。但是，马骏都不为所动。

为了争取难友们的自由往来，在马骏和周恩来的带领下，大家进行了绝食斗争。邓颖超等学生代表到警察厅要求轮换关押以配合狱中的斗争。迫于压力，警察厅将这些代表移送到了地方检察厅。在那里，马骏、周恩来把大家组织起来，学习政治、外语、数学和历史。在狱中，马骏还做了“演说学”、“警厅拘留中的批评”和“研究问题的方法”等狱中专题报告。五四运动一周年的时候，他们还在狱中组织了纪念会，周恩来主持会议，马骏做了一年来斗争情况的总结。他们为了革命斗争，积极锻炼身体。被关押的那段时间里，马骏带领大家每天早晨作早操。

在狱中难友的不懈斗争下和全国各界的声援中，天津地方检察厅被迫连续三天开庭审讯被押代表，当法庭以妨害公安罪、妨害公务罪、骚扰罪和侮辱官吏罪提起“公诉”时，周恩来、马骏在法庭上，据理力争，向这些法官提出义正词严的质问。一时间，审判席变成了被告席。最后，天津地方检查厅只好在 7 月 10 号将所有代表释放。长达半年之久的拘留，马骏留了很长的胡须，因此大家又叫他“美髯公”。经过革命风暴的洗礼，马骏变得更加成熟。1920 年，他加入社会主义青年团，并于次年，在北京加入中国共产党。

信念坚定，舍身成仁

1921 年，马骏回到家乡东北开展革命工作。在家乡宁安县，他领导乡民对地主、劣绅展开了轰轰烈烈的斗争。后来，马骏又转到吉林毓文中学进行革命工作。1925 年，日本帝国主义在上海制造了骇人听闻的五卅惨案。在中国共产党的领导下，上海 20 万工人展开大罢工。一时间，全国响应，历史上称之五卅运动。吉林人民在马骏的领导下也投入到五卅运动中。五卅运动后，马骏受党的派遣去苏联莫斯科大学学习。

1927 年夏，大革命失败，国共两党统一战线破裂。国民党反动派大肆屠杀共产党人，中共党组织遭到严重破坏，整个中国笼罩在白色恐怖之下。就在这时，马骏受党的指示，秘密回国，任北京市委书记兼组织部长，负责恢复北京各级党组织的工作。当敌人得知新任的中共市委书记是马骏的时候，更是布下了很多暗探和军警。12 月 3 日，由于叛徒出卖，马骏被京师警察厅逮捕。

马骏是党在北方的重要负责人，敌人为了从他口中获得党的组织机密，对他施以惨无人道的酷刑。面对敌人的严刑拷问，马骏从始至终都是从容自若，宁死不屈，使敌人无法从他那里获得半点机密。敌人又许以高官厚禄，让他放弃宣传马列主义，还可让他当教育次长。而他却大声说：只要他马骏有一口气在，就要宣传马列主义，让他不搞革命比太阳从西边出来还难。敌人见无法从马骏那获得任何机密，便决定将其杀害。

1928 年 2 月 15 日，马骏双手背绑，两脚加镣，但他仍昂首挺胸，长胡须随风飘起。他唱着国际歌，一副大义凛然的气概感动了沿街的民众，这位仅仅 33 岁的革命斗士从容就义。

◎马骏烈士墓及雕像

第一任国家银行行长——毛泽民

决不脱离党，共产党员有他的气节。

——毛泽民

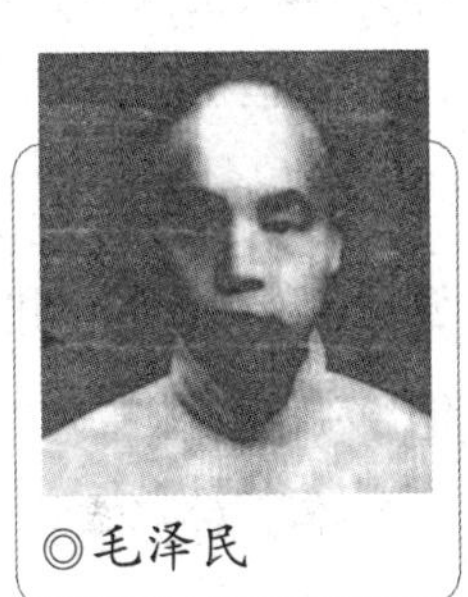
◎毛泽民

毛泽民（1896～1943），湖南省湘潭县人。革命期间曾用假名——周彬。毛泽东的弟弟，中国国家银行第一任行长、国民经济部部长。1943年9月27日，毛泽民与陈潭秋等共产党员被敌人秘密杀害，时年47岁。

大哥毛泽东是他的革命领路人

毛家共有三兄弟，老大毛泽东，老二毛泽民，老三毛泽覃。毛泽东、毛泽覃的长相随其母，圆脸大眼睛。毛泽民的长相随其父，长脸，高鼻梁。

儿时的毛泽民，只上过四年私塾，十几岁便开始学习务农了。1919年至1920年父母相继离世。后因大哥毛泽东很早就离家革命，所以家里的重担就落在毛泽民的肩上。就是因为这样，才造就了他勤俭节约的好习惯。

1921年的春天，毛泽民在大哥的教育下了解到革命的重要性。于是，他跟随大哥走出韶山，为革命事业贡献自己的一份力量。到长沙后，毛泽民在湖南省第一师范附小做后勤工作。虽然工作不起眼，但他却凭着一种认真负责的态度，设身处地地为学生着想。为了买到既廉价又新鲜的蔬菜和肉类，他不辞辛苦跑到偏远地方。后来，为了省下更多的钱，他带动大家一起种菜、养猪。此外，他还帮那些家庭困难的学生取得分期缴纳学杂费的政策。

1922 年 10 月，长沙笔业工会成立，毛泽民担任秘书一职。10 月中旬的一天，因工人长时间没有得到应得的待遇，毛泽民带领工人来到长沙县署，要求增加工资，给予更好的待遇。遭到无理的拒绝后，毛泽民带领工人举行罢工。终于在 40 天后，罢工取得了胜利。毛泽民在这次的罢工斗争中受益匪浅，并于同年冬天加入中国共产党。

1922 年年底，受中共湘区委员会的委派，毛泽民到江西安源路矿领导工人运动。期间他深入矿区了解工人的生活情况，宣传革命道理。他常给工人讲："我们只有团结，与反动军阀、资本家斗争到底，才有生路。对资本家不能抱有任何的幻想，要时常提防他们耍花招。"在矿区，他不仅天天给工人讲革命道理，还于 1923 年 3 月组织工人们创办了矿工消费合作社。这个合作社主要是为工人考虑，给予工人的利益最大的优惠与方便。

毛泽民的矿工消费合作社给了资本家一个重重的打击。常听人说，矿工消费合作社是"大战了一场资本家，打破了一切工头制，建设了一个坚强的大营寨"。

1925 年 5 月，党组织调毛泽民去上海，任中共中央出版发行部经理。他所经营的"上海书店"，当时是印刷党的宣传资料的地方。因北伐革命形势尚好，所以革命书籍很抢手，都有点供不应求了。因此，为了增加发行量，党组织决定再开一间印刷厂和秘密发行所，并于 1926 年落成。毛泽民则化名杨杰，对外宣称是印刷厂的老板。在他的领导下，印刷厂在敌人的眼皮底下顺利印发了大量的党的刊物和革命书籍。

为革命，积劳成疾

1932 年 3 月，国家银行在瑞金中央苏区正式成立，毛泽民被委任为第一任行长。虽然成立初期只有工作人员 5 名，但一点也没有影响国家银行的运行。毛泽民带领大家，仅经过两个多月的筹备，就开始正式营业了。

由于国民党反动派的疯狂“围剿”和全面严密的经济封锁，当时中央苏区的财政面临着极大困难。苏区急需的食盐、布匹、医药等都运不进来。

毛泽民为了解决苏区缺盐的问题想尽了办法。比如：把棺材做成双层，下层放盐，上层放一些发臭的肉，伪装送葬的队伍逃过了敌人的眼睛。粪桶也做成双层的，利用挑粪的机会，把盐放在底层挑回来。

1934 年 10，月中央红军被迫撤离根据地，开始长征。国家银行编为十五大队，毛泽民担任大队政委。十五大队不同于其他大队，肩上的担子要重很多，因为他们不仅携带着苏维埃共和国的全部钱财，还携带了印钞机。

◎中华苏维埃共和国国家银行旧址

中央红军抵达陕北后，毛泽民任中国工农民主政府国民经济部部长。1937年底，毛泽民在长期的革命斗争中，终于累倒了，患上了严重的支气管炎。他身带重病，仍坚持工作。1937年冬天，毛泽民病情加重。于是，党中央决定让他从新疆前往苏联看病。

到达新疆的迪化（今乌鲁木齐）后，因中苏边境正流行鼠疫，交通线暂断，毛泽东短时间留在迪化。那时，正值中国共产党和新疆军阀盛世才刚刚建立起统一战线的时候，盛世才多次邀请从延安派遣干部去新疆工作。为了民族团结，促进新疆的革命发展，考虑到毛泽民在迪化，中央批准毛泽民等人留在新疆工作。1938年2月12日，毛泽民任新疆省政府财政厅副厅长，又于同年的10月为代理财政厅厅长。

造福新疆人民

当时的新疆，因为战乱，经济混乱，各种货币混用，造成物价飞涨、通货膨胀等现象。这一切，最终祸及的还是当地的百姓。为了改变这种现象，毛泽民想起在苏区发行货币的经验。于是，他带着已有的经验，又查找了相关资料，重新了解新疆的金融现状，找到了引起经济混乱的原因。1938年7月，毛泽民给新疆政府发了一份改革新疆金融的书面报告。在做了诸多的准备工作之后，1939年1月1日，新疆省银行正式改为新疆商业银行。从此之后，新疆的财务状况日益好转。

因为毛泽民坚持自己的财政方法，不料触及军阀盛世才的利益。为此，盛世才视毛泽民为眼中钉、肉中刺，处处为难毛泽民。1941年2月，他以毛泽民身体不适为由，调毛泽东为民政厅厅长。

哪怕是在在这种恶劣的环境下，毛泽民依然设身处地地为人民着想。他制定了《新疆省区村制章程》，还在新疆整顿扩大了17所救济院，办理了医药医疗训练班，为新疆培育一批优秀的医务人员。

绝不向恶势力低头

1942年，新疆督办盛世才撕下了他虚伪的面具，背弃了“亲苏拥共”政策，与国民党蒋介石走到了一起。此后，盛世才开始了反共的活动。

中共中央得知这一情况后，准备分批把留守在新疆的同志撤回延安。然而，这一事变比预期来得要快。1942年9月17日下午1点，军阀盛世才软禁了在新疆逗留的全体共产党员，又于次年的2月7日，把全体共产党员关入狱中。

这是一份1943年5月5日敌人审讯毛泽民的“刑讯资料”：

敌：“八路军由三个师偷偷摸摸扩充到57万人，这对吗?”

毛：“八路军扩充到57万人，对抗日有什么不好?八路军杂志上已经公布说有57万人，当然不是偷偷摸摸的，况且朱德是中央任命的。”

敌：“假定你们在新疆有阴谋暴动的事情怎么办?”

毛：“我们做的一切，对国家、民族利益是没有违背的，而且完全是站在国家的、民族的立场上的工作。我认为你们所说有什么阴谋，是对我们的一种侮辱。我们在新疆整理财政，尽了自己所有的力量，更是没有违背民族利益。在新疆四五年辛苦于抗战、建新事业中，事实俱在，哪有对新疆政府进行阴谋事件之理?我要求把事实拿出来!”

敌人听到这里时，都已哑口无言。审问的人依然狡辩地问：“你是不是叫毛泽民?你是不是毛泽东的弟弟?”

毛泽民冷笑着说：“请你回去问督办去。”

敌人恼羞成怒地说：“你要表明立场!”

毛泽民自豪地说：“我是共产党员!”

敌人见毛泽民立场这么坚定，稍微缓和了一下情绪，笑嘻嘻地说："你放弃共产党员的立场行不行?"

毛泽民坚定地说："我不能放弃共产主义的立场!"

敌人继续问道："你究竟愿不愿意脱离共产党?"

毛泽民用坚定的目光看着敌人说："我不脱离共产党!"

气急败坏的敌人见状，便决定用刑逼供。面对敌人的酷刑，毛泽民依旧坚定自己的立场从未改变过。

第二天，敌人更加猖狂地用刑，逼着毛泽民招认共产党在搞暴动，强迫他脱离共产党。

敌："你脱离共产党好不好?"

毛："脱离共产党是不可以的。"

敌人又继续问了一遍："脱离共产党可不可以?"

毛泽民大声地说："不能脱离，共产党有它的气节。"

敌人看毛泽民什么都不说，便继续用刑逼问，说："假定你们有暴动的阴谋呢?"

酷刑当前，毛泽民丝毫不惧，依然坚定地说："绝对没有这回事!"

在敌人的酷刑面前，毛泽民坚贞不屈，视死如归。

1943 年 9 月 27 日，盛世才觉得毛泽民已经没有利用价值了，派警务处处长李英奇和审判委员会主任富宝廉，于当天深夜，把毛泽民从监狱中传唤出来。他们用木棒将毛泽民打晕，用绳子勒死，埋在了荒凉的小山上。毛泽民牺牲时年仅 47 岁。当天遇难的还有陈潭秋、林基路两人。

1983 年，为了祭奠三位烈士逝世 40 周年，邓小平同志为他们题词："陈潭秋、毛泽民、林基路烈士永垂不朽。"2009 年 9 月 14 日，毛泽民被评为"100 位为新中国成立作出突出贡献的英雄模范人物"之一。

钢铁意志不动摇——方志敏

敌人只能砍下我们的头颅，决不能动摇我们的信仰！因为我信仰的主义，乃是宇宙的真理！为着共产主义牺牲，为着苏维埃流血，那是我们十分情愿的啊！

——方志敏《死！——共产主义的殉道者的记述》

方志敏（1899～1935），江西弋阳人，1923年3月加入中国共产党。1928年1月，参与领导弋横暴动，创建赣东北革命根据地，领导组建中国工农红军第10军。先后任赣东北省、闽浙赣省苏维埃政府主席，红10军、红11军政治委员，中共闽浙赣省委书记。

◎方志敏

学生运动的积极分子

方志敏天资聪慧，8岁那年进入私塾读书，被先生称为“奇才”。14岁的时候，祖父去世，家里叔伯们也各立门户，他也因此而辍学辅助家庭务农。不过，他并没有放弃学习，依旧边干活边自学。那些日子里，对于八股文之类的东西，方志敏一点都不感兴趣，却常常阅读一些关于传播改良主义和民主思想的文章。那时的方志敏已经对黑暗

◎方志敏故居

的社会和农民的疾苦有着切身感受，开始了对社会改革的思考和对人生道路的探索。

方志敏 17 岁那年，考上了弋阳县高小。在那里，他用功读书，每次考试总是名列前茅。因为是新式小学，方志敏的眼界和视野比以前更加开阔。他勤奋好学，爱动脑子思考，思想活跃，常常受到老师们的赞赏。在同学之中，他成了中心人物，大家都很喜欢和他接触。邵式平更是和他志同道合，形影不离，成为挚友。那时候上历史课，青年老师说到“二十一条”的时候，有些情绪激动，同学们听得也很气愤。方志敏忍不住了，站起来高呼：“打倒日本帝国主义！”“打倒卖国政府！”然后带头把自己有关日货的东西统统砸了。当时方志敏虽然很穷，但是为了爱国，他义无反顾。

1919 年夏，方志敏以优异成绩考入江西省立南昌甲种工业学校。当时的校长赵宝鸿是留日东洋系派的，整个学校政策腐败，背后重重黑幕。后来，方志敏和同学们一起演讽刺话剧，列数校长一干人的种种劣迹，并上街游行，最终把校长赶下台了，这就是“驱赵运动”。此后，方志敏更加深了社会需要改革的认识。那时的方志敏在南昌青年学生中已经有一定的影响，还被选为南昌学联的负责人之一。后来，方志敏考入南伟烈大学。期间，他发动南伟烈大学、九江第六师范、第三中学的进步学生参加反帝爱国游行，还发表了许多白话小说和诗歌。

在历经革命斗争的风雨后，方志敏更加成熟和坚强。经由赵醒侬等同志的介绍，于 1923 年 3 月正式加入共产党。他在这个生命里最值得纪念的时刻，立下誓言：“共产党员——这是一个极尊贵的名词，我加入了共产党，做了共产党员，我是如此的引以为荣啊！从此我的一切，直至我的生命都交给党去了。”

五卅运动爆发后，全国人民纷纷声援上海的反帝斗争。江西人民在党的领导下，组织了反对帝国主义惨杀上海同胞江西后援会，而方志敏就是这后援会的领导之一。之后，他又抓住时机，大力开展农民活动。参与领导弋横暴动，创建赣东北苏区，领导组建中国工农红军第十军，坚持赣东北地区的革命武装斗争和政权的建设。方志敏在担任赣东北苏区最高领导的时期，将马克思主义同赣东北革命运动相结合，创造了一整套建党、建军和建立红色政权的经验，开辟了“方志敏式”的根据地。

囚牢面前不惧敌

1934年11月初，方志敏奉命率红十军团北上抗日，当时他是红十军团军政委员会主席。抗日部队在皖南遭到了国民党重兵围追堵截，艰苦转战两月余，被7倍于己的敌军重重围困在怀玉山区，终因寡不敌众，突围失败，方志敏于1935年1月29日被俘。

当时的南京、安庆、芜湖等大小城市都有悬赏方志敏的布告，抓到方志敏者，就奖赏八万块大洋。抓到方志敏的两个国民党士兵觉得离升官发财就不远了，于是想让方志敏写点什么。到了晚上，这两个兵痞本想从方志敏写的东西上，获取抗日先遣队的一些消息，结果看到了这样的《自述》：

方志敏，弋阳人，年三十六岁，知识分子，于一九二五年加入中国共产党。参加第一次大革命。一九二六——一九二七年，曾任江西省农民协会秘书长。大革命失败后，潜回弋阳进行土地革命运动，创造苏区和红军，经过八年的艰苦斗争，革命意志，益加坚定，这次随红十军团去皖南行动，回苏区时被俘，我对于政治上总的意见，也就是共产党所主张的意见。我已认定苏维埃可以救中国，革命必能得最后的胜利，我愿意牺牲一切，贡献于苏维埃和革命，我这几十年所做的革命工作，都是公开的，差不多谁都知道，详述不必要，仅述如上。

方志敏

一九三五年一月二十九日晚八时

仅仅数语，便把这位共产主义战士光明磊落、坚贞不屈的英雄气概体现得淋漓尽致。第二天，方志敏被捆绑押送到玉山县敌 43 旅驻地。敌方旅长刘振清、玉山县伪县长王振寰、国民党县党支部书记长柯常琳等人“接待”了方志敏。其中王振寰还假装亲切地对方志敏说：“方司令，你还认识我吗?”对于这个曾经装作进步青年而后叛变的王振寰，方志敏冷笑一声：“你不是叫王清尘吗?”他听到方志敏喊自己的别称，正想高兴说话，结果又听到：“你不是当大官了吗？你是贪官污吏，我们没有什么可交谈的余地。我宁为玉碎，不为瓦全。我用不着你们宽大的。你们杀了我，我们党还有千千万万的革命者。我为革命而死，虽死犹荣。”

就这几句话，王振寰憋得满脸通红。他指着方志敏说：“现在谁也救不了你，只能靠你自己!”

方志敏说：“我绝不会做背叛国家和民族利益的事!”

顿时，敌人凶相毕露，他们把方志敏拉去照相馆照相，然后推到车上，让他在玉山县当街游行示众。31 日，敌人给方志敏钉上十斤重的铁镣，并把他押送到上饶。到了那里，国民党赣浙皖闽四省“剿匪”司令兼第八军军长赵观涛以及专门从南昌赶到上饶的江西省党部书记长俞伯庆一同审讯方志敏。他们先是高官厚禄，后又进行威胁。方志敏早已决意为革命牺牲，对于他们所说没有丝毫动摇。敌人恼羞成怒，定于第二天进行“庆祝大会”，妄图以此打击群众的革命情绪。然而国民党反动派打错了如意算盘。在台上“示众”的方志敏安然挺立，一身正气，目光从容，静静地看着台下的群众。群众都为方志敏被捕感到痛惜，为他黯然流泪。

2月2日上午，敌人准备将方志敏押送到南昌。途经弋阳县时，敌人还准备继续举行所谓的“庆祝大会”。结果当车到达弋阳县时，3000多名群众早已聚集在那里等候方志敏。敌人看到这样的气势，被吓破了胆，不敢多有停留，便夺路而走。到南昌后，敌人将方志敏关押在蒋介石驻赣“绥靖公署”军法处看守所，并策划召开一个“庆祝生擒方志敏大会”。这次他们有了准备，在会场架起几挺机关枪以防止动乱。不过，这次“庆祝大会”反而成了方志敏的讲台：

“同志们！同胞们！我很高兴能和大家见面，能和大家讲话。同胞们！我们中国外受帝国主义的侵略压迫，内受贪官污吏、土豪劣绅的统治剥削，国已不国，民不聊生。要救我们的中国，要为我们的人民谋生存，只有实现共产主义！今天国难当头，我们共产党先遣北上，英勇抗日。但是国民党蒋介石却卖国求荣，枪口对内……同胞们！蒋介石搞了四一二反革命政变，对人民欠下累累血债！今天他们又残杀了成千上万的爱国同胞。爱国有罪，抗日有罪，这就是汉奸卖国贼蒋介石他们的主义。他们是我们中华民族的败类！……”

敌人听到这些话，吓得慌忙将方志敏拉下，但方志敏仍抓紧喊道：“希望你们继续我未完成的事业，努力奋斗吧！”敌人的“庆祝大会”就这样草草散场了。

在演完“庆祝”丑剧之后，敌人又想尽一切办法进行欺骗和软化方志敏。不过，这一切依然是徒劳。方志敏对他们的鬼蜮伎俩给予了无情地揭露，与他们进行了针锋相对的斗争。他那坚贞不屈、视死如归的高风亮节为共产党人树立了光辉榜样。

狱中留遗作

反动派为了劝降方志敏可谓是绞尽脑汁：生活上，从每天两餐改成三餐，不限制喝水，而且还送零花钱给方志敏。同时，国民党的大大小小头目纷纷出动，都来劝降方志敏。像什么江西省党部的书记长，什么弋阳县的伪县长，甚至只教过方志敏几天书的“先生”都提着水果、点心来“探望”方志敏。结果，方志敏义正词严地一个个将他们骂走。这些人来的时候满脸堆笑，走的时候垂头丧气，一脸无奈。

对于他们的劝降，方志敏的回答是这样的：“投降？你们国民党是什么东西！一伙强盗！一伙卖国贼汉奸！一伙屠杀工农的刽子手！我是共产党员，与你们势不两立！我要消灭你们，岂能投降！你们法西斯只能砍下我们的头颅，却决不能动摇我们的信仰！我们的信仰是铁一般的坚硬！”

在黑暗的监牢里，方志敏没有放弃宣传共产主义的思想。他不断地接近看守他的士兵，对士兵进行教育，并且感化了一些看守士兵。这些士兵都对方志敏产生了同情和敬仰。当得知反动派对他的态度是“缓办”时，方志敏便和狱中的同志准备越狱。此时，党组织也在积极设法营救他，但是由于敌人封锁太严，一直无法取得进展。

狱中，方志敏一直没有放弃对其他同志进行鼓励。通过那些敬仰自己的看守员，他联系上乔信明，并告诉乔信明说：“我们军团几个领导已经做好准备，他们是不会让我们活着的。但是你们可能不会死，你们要准备坐牢。一旦有机会出狱，一定要和党联系，不要忘了苏维埃。”渐渐地，越狱的希望渺茫起来，方志敏也就专心进行起文稿的创作。在敌人的牢房里写下了传世之作：《清贫》、《可爱的中国》、《狱中纪实》等作品。

◎方志敏烈士雕像

4月份的时候，敌人又想出新招，把方志敏放到了“优待室”，企图感化方志敏。他们错了，方志敏早看穿了。他在《狱中纪实》中说：“我们不能希望敌人良心发现，不能希望敌人的仁慈、怜悯和改良，我们是有自己的力量的，我们要用拼命战斗的精神，拿起枪炮去消灭卖国国民党的黑暗统治，以便连同消灭他的黑暗监狱！”

在“优待室”里，因无法与刘畴西等人取得联系，方志敏就专心致志地进行文稿创作，同时仍然对那些看守人员进行教育转化工作。期间，方志敏还接触到了胡逸民。胡逸民同是“优待室”的犯人。胡逸民早期追随过孙中山先生，后来曾担任江西省高等人民法院院长、中央监狱长等要职，因“袒共嫌疑”被关押。胡逸民以“劝降”为借口，在监狱里和方志敏结下友谊，后来方志敏的遗作多是通过他带出来的。

最终，敌人还是向方志敏下了毒手，1935年8月6日凌晨，南昌市天色阴暗。全副武装的军警将方志敏从囚牢里提出，将他反铐。方志敏知道敌人要下毒手了，坦然地走了出去。方志敏最后看了一下牢房，挨个儿和从铁栅栏里伸出手的难友们告别。当囚车穿过戒备森严的南昌城时，天似乎也有情，下起了蒙蒙细雨。

方志敏望了望烟雨蒙蒙的天空，最后看了一眼他那可爱的中国大地，挥起右臂，用尽全身的力气高喊：“打倒帝国主义！”“共产党万岁！”方志敏同志英勇牺牲了，那年他只有36岁。

水族出英豪——邓恩铭

卅一年华转瞬间，
壮志未酬奈何天。
不惜唯我身先死，
后继频频慰九泉。

——邓恩铭《诀别》

◎邓恩铭

邓恩铭（1901～1931），革命期间曾用黄伯云的假名，字仲尧，贵州荔波人，水族。中共一大代表，中国共产党创始人之一，中国无产阶级革命家。

1928 年 12 月，邓恩铭在济南被捕，1931 年 4 月 5 日，被国民党当局残酷地杀害。

埋下正义的种子

邓恩铭出于贵州省荔波县水堡寨的一户人家里。

邓恩铭出生前，家中共有七口人，两亩田，为维持生计，又租种六亩地，才得以糊口。邓恩铭的降生让家中喜忧参半。

生于这个朴实农民家庭的邓恩铭，从小在心中就埋下一颗正义的

◎邓恩铭烈士故居

种子。为补贴家用，奶奶带着恩铭要走很远的山路，到集市上卖水卖饭。这一路上，小恩铭很勤快，帮了奶奶不少忙，奶奶便给他讲水族英雄的故事，恩铭听得十分入神，他憧憬着自己长大以后也能成为一名除暴安良的英雄。

贫苦的生活经历，让恩铭的父亲尝尽辛酸，他不想让孩子再重复这样的生活。俗话说：“万般皆下品，唯有读书高”，恩铭的父亲心中同样也认这个理儿。于是在恩铭 4 岁时，父亲就请老师给他“启蒙”。几年以后，恩铭被送往城里，就读于“荔泉书院”，一所六年制小学。恩铭在校品德兼优，成绩总是名列前茅。他的老师高梓仲对他的评价很高。

早些时候，因为邓家生活困苦，便把恩铭的二叔过继给一户姓黄的人家，改名黄泽沛。昔日的二叔，已变成一个小官员，在山东济南仪阳县工作。恩铭的小学快念完了，他想出山谋学，长见识，便诚恳地给二叔写了一封求学信。二叔看侄子求学心切，便应允了。恩铭几经辗转，终于抵达山东济南。恩铭心知求学的机会来之不易，常熬夜看书，每看到瞌睡的时候，就会告诫自己“学业不成誓不还”。

1918 年，邓恩铭考入济南第一中学。那时十月革命胜利的消息传得正火热。刚入校的同学们也围绕着“科学”与“民主”这一系列话题展开谈论。

1919 年，巴黎和会的最终谈判结果出来了，其内容之一：胶济铁路和青岛的主权，从德国转交给日本。这一不平等条约，激怒了国民。不久，在北京爆发了五四运动。中国的热血青年，愤愤不平地在街上喊着“外争国权”、“内惩国贼”的口号。即使反动派极力压制，不让消息泄露出去，也没有逃过邓恩铭等爱国青年的耳朵。最后，大家相互转告：中华民族要奋起！救国救民，必须学习北京青年！

在五四爱国运动的影响下，邓恩铭积极参加反帝反封建的爱国运动，他参与领导学生参加罢课及游行活动。同时，他还担任了学生自治会领导人兼出版部部长，主编校报。活动中他与山东省立第一师范学生王尽美结为挚友。

1919 年 11 月 21 日，五十名青年聚集开会，邓恩铭也在其中，成立了进步社团“励新学会”。邓恩铭被选为学会的领导成员。随后，邓恩铭积极发行《新青年》杂志，出版了《励新》半月刊。

走在革命的大道上

1920 年，邓恩铭走上了更为广阔的革命之路。4 月，共产国际代表维金斯基等人前往北京，途经济南时，与邓恩铭、王尽美等人会面，讨论了马克思主义的问题。他们接受了共产国际的建议，确定“励新学会”马克思主义的思想方向。

1920 年秋，邓恩铭与王尽美组织十几进步青年，成立了“马克思主义研究会”。大家一起阅读、讨论、学习马克思著作。次年春天，邓恩铭和王尽美在“马克思主义研究会”半公开的基础上，创建了“济南共产主义小组”，这也是山东早期中国共产党组织。

1921 年 7 月下旬，来自全国各地的 13 人以“北京大学暑假旅行团”的名义来到上海。他们分别是毛泽东、董必武、陈潭秋、何叔衡、王尽美、邓恩铭、李达、李汉俊、包惠僧、张国焘、刘仁静、陈公博、周佛海。其实，他们是来自内地和日本的 7 个共产党早期组织的代表，代表着全国 50 余名党员来参加中国共产党第一次全国代表大会。

中共“一大”闭幕后，邓恩铭、王尽美回到山东，正式建立了中国共产党山东支部，发展党员 10 余人。

中共“二大”后，按照党中央会议精神，山东党组织的主要工作是进一步加强工人运动。因此，邓恩铭在淄博煤矿区住了下来。他每天亲自调查矿工的生活情况，发现了矿工的艰难生活，穿的都是破烂之衣，吃的都是残羹剩饭，就连洗澡都是在肮脏的池塘里进行。这里的一幕幕，激起了邓恩铭的怜悯之心，面对工人的遭遇感到非常心痛。因此，邓恩铭觉得，这些工人更需要共产主义，只有共产主义才能帮助他们。之后，邓恩铭开始用通俗易懂的小故事为工人讲道理，让大家意识到只有团结，才能抵抗帝国主义的剥削。很快，在他的带领下，建立了“矿区工会淄博部”和淄博矿区第一个党支部“洪山矿区党支部。”

1922 年底，邓恩铭怀着满腔热血，来到青岛建立党组织。他深入工厂、学校，向工人、学生讲解马克思主义，推广《向导》和《新青年》杂志。在邓恩铭的努力之下，他的周围很快聚集了一批思想先进的同志。1923 年 1 月，“中共直属青岛支部”正式成立了，邓恩铭任青岛支部书记。

1924年春，随着中共青岛支部党员队伍的扩大，活动的范围也增大了，之后，改名为中共青岛市委员会，由邓恩铭担任市委书记。

1925年2月8日，邓恩铭成功领导胶济铁路工人罢工。接着又成功领导了青岛日商工人大罢工。因为这次的罢工空前盛大，邓恩铭于同年的5月4日被捕，并于5月11日被驱赶出青岛。

1925年8月，邓恩铭担任了中共山东地方执行委员会书记。同年9月，邓恩铭等人领导全省职工运动。11月初，中共山东区委在济南关东筹备纪念苏俄十月革命的活动时，不幸被敌人发现。区委机关遭到了严重破坏。邓恩铭再次被捕入狱。

九死不悔

邓恩铭入狱后惨遭敌人多次折磨，导致他结核病复发，随即又引发颈淋巴发炎溃烂。但不管敌人如何严刑逼供，他都意志坚定，决不招供。党组织也开展各种营救活动。后来在邓恩铭的堂弟媳的帮助下，才把他担保出狱，接受治疗。

邓恩铭出狱时，已被敌人折磨得体无完肤。当家人和同志们接他出狱时，大家都哭得泣不成声。而邓恩铭则是轻松地活动着手脚说："这不是很好吗？坐牢算啥！往后还得和那些狗斗一斗！"

邓恩铭的经济状况一直不是很好。他远在贵州的家人，一直以为他有一份固定的工作和收入，于是家人给他写信要钱。在这样的情况之下，他只能婉言拒绝。信中说："……在这样的时代，实无我插身之地，兼之我又不会巴结，所以在外漂泊两年，只能谋个人温饱，无力顾家，这实在是不得已的事情，不是我目无家庭也。"从这封信中，能看得出邓恩铭当时写这封信的时候是多么的辛酸，真是力不从心。

好在邓恩铭的家人，并没有责怪他。特别是他的父亲得知后，给邓恩铭回信说："……儿性与人不同，最憎恶的是名利，故有负双亲之期望，但所志既如此，亦无可如何。"不辞辛苦来济南看望自己的儿子，父子见面之后，邓恩铭并没有告诉父亲自己身上肩负着党的革命重担，而向父亲讲述了一些反帝反封建的革命道理，也强调了自己的观点——国家兴亡，匹夫有责。

1926 年 6 月，病未痊愈的邓恩铭，再次踏上去青岛的路，肩负起市委书记一职，主持市委工作。

第二年 4 月，邓恩铭来到武汉出席中共第五次全国代表大会。回山东后，他担任山东省执行委员会书记。大革命失败后，山东的党组织受到重创，军心混乱。不少人都纷纷退党，只有一些将自己的生死置之度外的党员留了下来。

1928 年春，邓恩铭担任青岛市委书记。在邓恩铭的领导下，中共青岛市委的组织纪律逐渐健全，党的战斗力也进一步加强。虽任职时间只有几个月，但他的贡献是不可磨没的。

同年 12 月，邓恩铭回到济南向省委汇报工作之时，因王复元等人叛变，省委遭到严重破坏。邓恩铭第三次被捕入狱。

为真理殉难

邓恩铭等共产党员被关在济南省府前街的伪警察厅拘留所。他们都是党的好同志，不管敌人怎样严刑拷打、逼问，从未喊过一句屈服的话。

狱中的环境是艰苦的，邓恩铭竭尽全力关心着自己的战友们，每当家人把饭菜送来时，他都坚持把饭菜让给更需要的同志。大家都被他的品质深深地感染了，在他的颈淋巴结核又复发溃烂之际，狱中的同志不怕感染，无微不至地照顾着他。

◎邓恩铭、王尽美烈士雕像

入狱后的斗争是复杂的，邓恩铭为改善各位同志在狱中的待遇，想尽办法争取看书阅报的机会。于是，他与同志们团结一心绝食抗议。在进行多次绝食抗议后，终于成功了。邓恩铭和同志们通过看书阅报得知：济南惨案后，日本兵要撤出济南，国民党反动派即将接管。这样一来，他们恐怕只会凶多吉少。于是，他们决定利用双方交接之际，制造混乱，准备越狱。对于这个决定，绝大部分的党员是赞成的。邓恩铭了解直鲁联军的军官能武善战，便对他们进行教育，希望他们一同参与越狱行动。终于，他们决定在 1929 年 4 月 19 日的晚上行动。不幸的是，由于越狱计划被泄露，只有杨一辰一人脱身。

狱中的邓恩铭等人继续反抗着，有了第一次越狱的经验和教训后，邓恩铭随即又开始准备第二次越狱。

在种种不利的条件下，邓恩铭等人没有放弃，而是严谨有序的秘密行动。他们分别按党员的身体状况编整，分为三队；还准备了各个房间到监狱大门的路线图纸；另外还巧妙利用了敌人对政治犯的优待政策——可与家人通信。这样一来，他们不仅增强与外面地下党的联系，还能在牢中继续操作。比如：从探监室里带来小锯条；将厕所的石灰粉装入信封里，带入牢房，以备武器使用。

1930 年 7 月，在了解到敌人要组织“特别军法会审委员会”时，邓恩铭等人决定在 7 月 21 日的下午 4 点越狱，以钟声作为号令。同志们做好精细的准备后，邓恩铭带领第一小队冲了出去。钟声响起了，带着生的希望传遍每间牢房。第二小队和第三小队听到钟声后分别迅速展开行动。只可惜同志们长期被关押，大部分都是体弱多病，再加上对狱中路线不熟，所以只有一部分同志成功越狱，其他同志都被抓回，邓恩铭也在其中。

这次的越狱行动影响严重，气急败坏的敌人展开了疯狂报复。敌人已意识到邓恩铭在狱中的织组能力，他们对被抓回去的邓恩铭严刑拷打，想弄清他的真实身份。结果，令敌人更为恼火——邓恩铭始终死咬着黄伯云的这个假名与敌人抗衡。这样一来，敌人无法裁决。

邓恩铭在狱中的处境牵动着组织和亲属的心，党和邓恩铭的堂弟黄幼云都在外活动，想方设法保邓恩铭出狱。当时，蒋介石正好要制造“特赦政治犯”的舆论。根据对此时情况的分析，出狱的希望还是很大的。正当大家为营救邓恩铭而奔走的时候，谁料，天有不测风云。在一次提审的时候，审判台后坐着的居然是一个叫张苇村的人，他一眼就认出皮包骨头的邓恩铭是中共山东省委的负责人。

身份被揭穿的邓恩铭并没有畏惧死亡，他早已抱定牺牲的信念，只是救国救民的道路还很长。此时，他想起远方的亲人，更不舍一同革命的战友。他知道，他的血不会白流，他的战友仍在战斗，更会有无数有志青年汇入到革命的洪流之中，击碎重重黑暗，迎来一个崭新的世界！邓恩铭在牢中沉思着，写下一首诗——《诀别》：“卅一年华转瞬间，壮志未酬奈何天。不惜唯我身先死，后继频频慰九泉。”

1931 年 4 月 5 日这一天，被党和人民永铭记着。年仅 30 岁的邓恩铭在这一天为国家和人民献出了宝贵的生命。

爱国铁拳——吉鸿昌

◎吉鸿昌

我能够加入革命的队伍，能够成为共产党的一员，能够为我们党的主义，为人类的解放而奋斗，这正是我毕生的最大光荣。

——吉鸿昌

吉鸿昌（1895～1934），河南扶沟县人，抗日爱国将领，他是伟大的爱国者，著名的民族英雄。

死了也不能倒下

1934年11月24日，吉鸿昌披着斗篷，向刑场大步走去。他一如往常，态度从容不迫。临刑前，他以手指为笔，大地为纸，写下了就义诗：

恨不抗日死，
留作今日羞。
国破尚如此，
我何惜此头！

写完，他就厉声对着敌人说道："我为抗日而死，不能跪下挨枪，我死了也不能倒下！"然后喝令敌人道："给我拿个椅子来，我得坐着死！"接着扭过头，对拿枪的敌人说："我为抗日死，死得光明正大，不能在背后挨枪。"敌人颤声问："那该怎么做？"吉鸿昌厉声说道："你要在我眼前开枪，我要亲眼看到敌人的子弹是怎样打死我的！"

敌人看到吉鸿昌愤怒的双眼，尽量躲避他的眼神，手颤抖着端起枪对着吉鸿昌瞄准。吉鸿昌用尽最后的力气，举起铁拳大喊道："中国共产党万岁！""中国革命万岁！""打倒日本帝国主义！"

一声枪响，年仅 39 岁的抗日民族英雄牺牲了。他在敌人面前没有倒下，他就像是在战场上，骑马小憩一般。

毅然投军

吉鸿昌出生的那年，甲午中日战争刚刚结束，此时的中国大地饱受摧残。他虽然出生在这时代，却依然热爱着自己的国家。

吉鸿昌的家里贫苦，母亲早逝。从小，他跟随着父亲长大。他的父亲是一个刚正不阿的人。虎父无犬子，他的内心也充满了正义感，不畏强权。14 岁的吉鸿昌，因生活所迫，在一家杂货铺当学徒。两年的时间，让他饱受世间摧残，满眼尽是社会的黑暗。他憎恨这个罪恶的社会。

17 岁那年，冯玉祥的军队到河南招兵。这时的吉鸿昌已是一个血气方刚的少年了。他毅然地投入冯玉祥的军队，开始了他的戎马生涯。

吉鸿昌在冯玉祥的队伍中，吃苦耐劳，作战勇敢，为人正直，不畏权势。对此，冯玉祥看在眼里喜在心里，认为这小伙子是个不可多得的人才。吉鸿昌步步连升，从手枪连连长升为营长。后因吉鸿昌有胆有谋，办事认真，带兵出色，不久，冯玉祥把他派到冀、鲁、豫、

◎图为烧有吉鸿昌父亲遗训的茶碗

皖一带招兵，训练新兵，直接升为旅长。官是越做越大了，但是他“当兵救国，为民造福”的初哀，始终没有变。他谨记父亲“做官即不许发财”的教诲，平时省吃俭用，用积攒下来的钱资助他人。吉鸿昌不仅严于律已，而且对部下也做出不许扰民的要求。

1926 年 9 月，冯玉祥在五原誓师，响应北伐，吉鸿昌率部参加西安战斗。之后吉鸿昌所在部队扩编，他升任师长。吉鸿昌率领部队屡建战功，他的部队亦被称为“铁军”。之后，吉鸿昌进兵宁夏，任宁夏省政府主席兼第十军军长。在宁夏，他致力于汉回团结，整顿军队和吏治，提出“开发大西北”的口号，决心为民兴利除弊。

被逼出国

1930 年，冯、蒋、阎中原大战爆发，吉鸿昌部被调往前线作战。在这场军阀混战中，吉鸿昌虽然打了不少胜仗，但他看到内战中的人民生活得更加艰难困苦，内心痛苦万分。冯玉祥军队在此次大战中失败，为了保存实力，经冯玉祥同意，吉鸿昌接受了蒋介石的改编。

此时的吉鸿昌已经在中国共产党长期的影响和帮助下，革命思想进步很大。而当时，蒋介石却要他率部进入苏区“围剿”红军。对此，吉鸿昌的心中相当反感，便消极待命，以各种托词按兵不动。在中共上海党员的帮助下，吉鸿昌准备加入红军，实行兵变。可人算不如天

算。起义当天，天下大雨，加上军队里的不坚定分子被蒋介石收买，兵变终归失败。蒋介石解除了吉鸿昌的兵权并将他派送“出国考察”。时逢九一八事变，吉鸿昌强烈要求参加抗战，但都遭到拒绝，无奈之下，悲愤地离开了上海。

出国期间，吉鸿昌在美国要往家里邮寄东西，但当时美国职员却说没有中国。有人劝他说，如果他说自己是日本人的话，就会受到礼遇。吉鸿昌听罢，怒斥道：“你觉得当中国人丢脸，我却认为中国人无上光荣。”回到旅馆便在胸前挂了一个木牌，上面写道：“我是中国人!”

1932 年，上海一二八事变爆发。吉鸿昌闻讯，即刻赶回上海。看到四处悬挂着日本的膏药旗，吉鸿昌心碎不已。蒋介石的消极抗日、积极内战政策让他十分失望和愤慨。他想，现在只有中共可以解救中国了。于是，他联系上中共组织，决心为中华民族贡献自己的一切。同年 4 月，吉鸿昌在北平加入中国共产党，由一个爱国的旧军人转变为坚定的共产主义战士，从此踏上了新的革命征程。5 月，根据党的安排，吉鸿昌秘密到了上海，与宋庆龄等进步人士联系，准备召集旧部，举行起义，实行兵变。

离开军队“出国考察”期间，吉鸿昌旧部被改编的改编，收买的收买，进步力量已经非常薄弱。蒋介石也得到了吉鸿昌回部队策动起义的密报，急令鄂豫皖三省“剿匪”司令部参谋长曹浩森予以抓捕。情况紧急，吉鸿昌只率领三十师一个团进行突围，但是敌人围追堵截，第二次兵变失败了。吉鸿昌只带了少数人突出了重围。

积极抗日反遭“围剿”

1933 年，冯玉祥由泰山到达张家口，决心与中国共产党合作，共同抗日。与此同时，吉鸿昌按党的指示，在天津积极联络各方面抗日

◎多伦民众欢迎吉鸿昌总指挥入城情形

爱国力量，筹资购买军火。为解燃眉之急，吉鸿昌变卖家产，筹得6万元购买武器，联络各地抗日零散武装，准备武装抗日。他还给冯玉祥写信，希望冯玉祥能早日举旗，一表自己抗日的决心。

经过多方面努力，“冀哈尔民众抗日同盟军”在张家口建立，宣布对日作战，坚决收复失地。一时全国纷纷响应，队伍很快就从几千人发展到了十几万人。吉鸿昌任前敌总指挥兼第二军军长。

抗日同盟军在吉鸿昌将军的带领下，首先拿下了康保，接着又马不停蹄地收复了宝昌等失地。整个抗日同盟军士气大增。接下来的下一个目标是军家必争之地的多伦。多伦不像前几座城池，日伪军在这里建造了许多永久性和半永久性防御工事。想要拿下这座城，吉鸿昌那武器简陋的部队可就吃力多了。不过这依然挡不住他为国奋斗，收复失地的抗日信念。他带领部队，经过五天五夜的鏖战，终于将多伦攻下。这一仗的胜利，鼓舞了全国的抗日热情，全国人民为之振奋。

此时的蒋介石却不高兴了，他派何应钦率领16个师，同日军夹击同盟军，同盟军扣上了破坏“国策”的罪名。蒋介石使用各种手段，

逼走冯玉祥，对同盟军进行瓦解，一边刀刃相加，一边又以重金收买。此时同盟军的将领里，就剩下吉鸿昌和方振武两人的爱国立场岿然不动。于是，两人决定会师，改同盟军为“抗日讨蒋军”。随后，抗日讨蒋军在冀察地区，给敌伪军造成重创。不过由于日军和蒋介石军队的“围剿”，无奈之下只好向北平进攻，试图攻下北平。1933 年 10 月，吉鸿昌和方振武的部队在北平附近的昌平和大小汤山一带被蒋介石军队包围，几度突围失败，伤亡惨重，弹尽粮绝。为了保存抗日力量，吉鸿昌和方振武决定到国民党三十二军驻地同商震谈判。蒋介石得到消息，电令商震，要求将吉鸿昌和方振武押送到北平进行审问。

途中，吉鸿昌借上厕所的机会，帮助方振武成功脱身。当车行至北平城外时，押送人员被吉鸿昌感化，冒着生命危险放走了吉鸿昌。

凑集抗日力量

1933 年秋，吉鸿昌乔装回到了天津，此时的天津正笼罩在蒋介石制造的白色恐怖之下。国民党特务破坏了中共天津地下党、团组织及许多革命进步团体，逮捕了大批共产党员和革命者。面对这种情况，吉鸿昌并没有被吓倒，反而在天津积极地寻找党组织，准备开展新的斗争。在与党组织取得联系后，吉鸿昌开始按照党的指示展开工作。他先与南汉宸、宣侠父四处联络各地反蒋抗日力量，组织抗日民族统一战线，建立抗日武装。

5 月，吉鸿昌在天津组织成立了“中国人民反法西斯大同盟”，同时建立了大同盟中央委员会，其中有冯玉祥、李济深、方振武、任应歧等各地反蒋抗日力量代表，吉鸿昌被推选为主任委员，负责统一战线的工作。为了抗日宣传工作，吉鸿昌在自己家里秘密设立了一个印刷所，出版机关刊物《民族战旗》。吉鸿昌的住宅也成了党组织的地下联络站，因而被党内同志称为“红楼”。

在建立抗日民族统一战线的同时，吉鸿昌考虑更多的是如何重整旗鼓，组织抗日义勇军武装抗日。他四处筹集资金，暗中购买军火，为建立抗日武装准备。同时，计划与杨虎城的部队联合，在西北开辟抗日根据地，以期形成大西北的革命局面。

吉鸿昌想方设法积极在各地发展人民武装自卫军组织，又通过以前的旧关系，联络了一批原西北军中的旧军官，他们都是具有反蒋抗日和爱国思想的好将领。吉鸿昌通知他们先到天津集合，经过谈话训练之后，再将他们分别派往西北各省，以及豫南、豫西、安徽等地，组织人民武装抗日自卫军。短短的几个月中，吉鸿昌重举武装抗日大旗的工作取得了很大进展。

遇刺被捕

吉鸿昌的抗日积极活动，引起了蒋介石的密切关注。大批特务潜伏到天津，准备暗杀吉鸿昌。

1934 年 11 月 9 日下午，吉鸿昌与李宗仁的代表进行会见。他们以打麻将作为掩护。此时，敌特务已经尾随到此，早已做好准备暗杀他们。敌特务事先已经看好了吉鸿昌的座位，企图一举将他杀害。不凑巧的是，按照打麻将四圈结束搬庄换门的规则，吉鸿昌已换到对面了。特务踹开门后就开枪射击，打死了李宗仁的代表。当他们发现杀错了人，准备再举枪时，吉鸿昌一拳打飞敌人手中的枪。敌人见势不妙，夺路而逃。当时，吉鸿昌肩膀受伤，吉鸿昌原本可以趁饭店内混乱的时候离开，可他却并没有走。他考虑到敌人暗杀的目标是自己，如果敌人跟着自己，很可能会暴露一些联络点，损失会更大。于是他决定在原地等那些巡捕过来。

◎吉鸿昌烈士雕塑

听到枪声，法租界的巡捕很快到达出事地点，将受伤的吉鸿昌逮捕。在吉鸿昌的要求下，他先被送到了医院。但是，蒋介石和法租界当局勾结，吉鸿昌等人很快被押送到北平。

刚到北平，国民党北平军分会组织了一场所谓的“军法会审”。何应钦问：“你为什么搞抗日活动？说出你们的秘密来！”

吉鸿昌义正词严地答道：“抗日是四万万五千万中国人民的事情，有什么秘密？只有蒋介石跟你们祸国殃民，和日本暗中勾结，干些不明不白的勾当，才有秘密。我要救国，蒋要卖国，我不得不为抗日而讨蒋。”何应钦不管怎么问，都被吉鸿昌驳得哑口无言，只好赶紧结束了“审讯”。

1934 年 11 月 24 日，是吉鸿昌殉难的日子。当“立时枪决”的命令传来，吉鸿昌显得异常镇静安详。他向敌人要了笔、墨、纸、砚，然后挥笔疾书，将自己怎样走上革命的道路，国民党蒋介石反动政府祸国殃民的种种罪行，都一一列出。然后，他又分别给自己的妻子、兄弟和朋友写了简短的遗嘱。他在给妻子的遗嘱中写道：“夫今死矣，是为时代而牺牲。”并再三叮嘱要好好教育孩子“以成有用之材”。吉鸿昌牺牲时，年仅 39 岁。

甘为中国做楚囚——刘伯坚

带镣长街行，蹒跚复蹒跚，
市人争瞩目，我心无愧怍。
带镣长街行，镣声何铿锵，
市人皆惊讶，我心自安详。
带镣长街行，志气愈轩昂，
拚作阶下囚，工农齐解放。

——刘伯坚《带镣行》

◎刘伯坚

刘伯坚（1895～1935），原名刘永福，四川省平昌县龙岗寺人。中国工农红军早期高级将领。曾任中革军委秘书长、红五军团政治部主任、红军学校政治部主任等职。1934 年 10 月中央红军长征后，留在苏区任赣南军区政治部主任，坚持斗争。1935 年 3 月不幸负伤被捕，21 日被敌人杀害，壮烈牺牲，时年 40 岁。

救国，赴外

刘伯坚的家乡在山水相依的四川平昌，家中以开栈房为业。他从小勤奋好学，爱读书。高小毕业后，他去巴中县考中学，因为没有田地契约，不能报考。于是，家里就借贷，想方设法地买了几亩薄田，拿到契约，刘伯坚才有机会参加巴中的升学考试。

◎刘伯坚故居

考进巴中县立中学后，刘伯坚读书更加努力，提前毕业升入万县川东高等师范。后来，他又到了成都高等师范继续学习。刘伯坚思想开阔，同时又厌恶当时的反动统治。有一天白天，刘伯坚提着灯笼，故意到团防局门口来回转悠。有人问道："你为什么大白天还打个灯笼啊？"刘伯坚回答说："这社会白天如黑夜，太黑暗，唯有打着灯笼才有点光明。"他这种朴素的民主主义思想，为他接受马克思主义真理奠定了良好的基础。

此时正逢五四运动时期，刘伯坚也受到革命思想的影响，进一步坚定了寻求救国救民道路的信心。于是，他与当时的先进知识青年一起，来到法国勤工俭学，寻找革命的真理。

经过一个多月的航行，刘伯坚和同伴们先后抵达比利时、法国。他们勤工俭学，边学习，边工作。当时欧洲正处于革命大浪潮时期，受苏联十月革命胜利的影响，无产阶级的革命运动波涛汹涌。

在法国，马克思主义书籍和关于十月革命的报纸都在公开发行。刘伯坚借此机会，如饥似渴地学习和研究马克思主义。受十月革命与欧洲工人运动的熏陶，以及对马克思主义的研究，刘伯坚认识到，只有走十月革命的道路才能救中国，"欲使祖国富强，当从世界改革史中求之。"此时的刘伯坚已经从一个当初无路救国的爱国青年，开始转变为一个共产主义战士。为了他的信念，至死不渝。

1920年，刘伯坚与周恩来、赵世炎、蔡和森、李富春等人领导了以争取吃饭权、工作权、求学权为主要内容的二二八运动和7月"抗拒中法大借款"，以及9月"进驻里昂中法大学"等重大政治斗争。

1922年，刘伯坚与周恩来、赵世炎等人共同组建“少年共产党”，后来根据中央指示改名为“旅欧共产主义青年团”，随即加入中国共产党。受党中央指示，1923底，刘伯坚等人被选送到莫斯科东方大学学习。

在莫斯科东方大学学习期间，刘伯坚待人和蔼，处理问题时显示出非他年龄所有的沉稳。在中共旅莫支部，刘伯坚被推选为中共旅莫支部书记，任职长达三年之久。当时，这个支部不但管理中国党员学生的组织活动，还要负责工作分配和生活，被同志们称做“党内驻苏大使馆”，刘伯坚便成了“大使”。

播“种”西北军

1926年，冯玉祥因军事失败，来到苏联考察并寻求帮助，刘伯坚参加了接待工作。冯玉祥看到十月革命的胜利，很受感染。通过与刘伯坚相处和交流，冯玉祥不仅对中国共产党的政治主张有了更深一层的认识，而且对于共产党人的勇气和奋斗精神，及其救国救民的责任心更敬佩不已，他的思想认识上产生了新的飞跃。他表示，要学习苏联红军的政治工作经验，并邀请刘伯坚回国后到他的国民联军任政治部副部长。

当时，西北军已濒临解散，重整这支部队确实是一项艰巨的工作。刘伯坚到西北军后，同上层人物建立了很好的统战关系。他主持起草并通过了《国民军对全国民众宣言》等七个文件，这是刘伯坚为国民军政治工作最初设计的蓝图，也成为共产党人日后在国民军中开展政治工作的良好基础。

1926年9月17日，在内蒙古自治区河套地区绥远五原大校场，发生了一件震惊中外的历史事件，那就是冯玉祥“五原誓师”。冯玉祥即向全国发布了由刘伯坚起草的《五原誓师宣言》。同时，在誓师会上，举行了易帜仪式，将原西北军的五色旗更换为青天白日旗，刘伯坚手持大旗威立阵前。随后，冯玉祥和刘伯坚对广大官兵发表了演说，公开宣布国民军联军集体加入国民党，接受国共合作的纲领和孙中山联俄、联共、扶助农工的三大政策，全力配合南方国民革命军北伐。这支旧军队经过誓师，改造为革命军队，军威大振，很快全军发展到20万人。

◎1926年9月17日绥远五原誓师大会(左一)冯玉祥、(左三)刘伯坚

五原誓师以后，刘伯坚非常重视宣传工作，改原来的《西包头日报》为《中山日报》，以此来为革命做宣传舆论工作。他还在五原、包头等地办了多所军政干部学校，用来提高部队军官的素质。学校办好后，刘伯坚亲自给学员们上课，由于他讲课生动，深入浅出，大多部分官兵都能听懂，在部队很受欢迎。刘伯坚从不放弃任何向部队进行政治教育的机会，只要有重大集会，他都会进行演讲，向官兵宣传马克思主义和革命思想。本来军队等级森严，可刘伯坚这位总政治部长却和官兵打成一片，在官兵当中深受爱戴，威望极高。

1927年4月，蒋介石发动反革命政变。冯玉祥受到蒋介石的拉拢，投靠了蒋介石，同时也在河南进行“清党”。至此，轰轰烈烈的西北革命运动失败了。由于刘伯坚等人在军中的威望，冯玉祥没有采取“杀”的方式，而是将他们武装押送出境。对于刘伯坚，冯玉祥则是“客气地礼送”。虽然第一次大革命失败了，但是刘伯坚等人在西北地区打下了革命的基础，革命的火种已经播下。

“宁都兵暴”，是刘伯坚埋在西北军中革命火种的一次爆发。1931年12月，蒋介石将中原大战中被他打败收编的西北军主力第二十六路军调到江西“剿共”，并由蒋介石的中央军在后面督战。这种“一石两鸟”的毒计激起了西北军官兵极大的愤慨。中共中央军委马上派刘伯坚主持策反工作，终于使该部1.7万人在宁都举行暴动，并编为红五军团。随后刘伯坚担任了该军团政治部主任，将这支部队改造成中央红军的主力之一。

“特殊材料制成的共产党员”

1934年10月，第五次反“围剿”失败后，震惊中外的长征开始了。红军主力部队被迫离开了苏区。刘伯坚奉命留在苏区根据地，坚持敌后斗争，同时担任赣南军区政治部主任。1935年2月，留守苏区的中央分局、中央办事处和赣南省级机关、部队陷入敌人重围，被困在仁风地区时，打算进行分路突围。

刘伯坚随赣南省党政军机关和独立六团向赣粤边突围。部队到达牛岭附近，遭到了敌人的阻击。这时候，刘伯坚不顾个人安危，掩护战友突围。他最后一个冲进小树林时，不幸被一排流弹打中了腿部，当场昏迷过去。小战士谢有才和另一名战士背着刘伯坚撤退。没有走多远，刘伯坚就醒了。他第一句话就是：“小鬼，不要管我，快冲出去！”这时，许多同志也过来掩护刘伯坚继续突围。他们冲到了山顶，碰到军区司令员蔡会文，刘伯坚吃力地说：“老蔡，我不行了，你们快打出去，别管我！”情急之中，他不忘激励大家前进，让同志们冲出重围，最后一定会胜利的。话音未落，他又晕死过去。

战斗越来越严峻，刘伯坚的伤势也越发严重，已经无法再和部队继续作战了。于是蔡会文司令找来一些人，让他们将刘伯坚送到安全的地方避险。然而，天公不作美，谁知晚上竟下起了瓢泼大雨。此时的山道变得泥泞难走，再加上敌人四处夹击，出口全被封锁，完全没有突围出去的可能。不得已，护送小队只好将担架上的刘伯坚放到一个小山顶，暂时躲藏起来。

第二天天刚亮，敌人偷偷从四周包围上来。顿时，枪声四起。昏迷之中的刘伯坚被惊醒，他忍着伤痛，拔出手枪，沉着冷静地指挥着小队与敌人战斗。见形势不利，阵地难守，刘伯坚果断命令小队冲出重围，迅速撤离，不要管他。迫于命令，战士们在他的掩护下突围。最终，刘伯坚子弹用尽，被敌人逮捕。

因为有悬赏照片，被捕后的刘伯坚很快被认出了身份。一开始，敌军团长对他进行劝降，刘伯坚根本不理会他，还给敌军团长阐述当前的国内外革命形势，把共产党人的世界观呈现了出来："我干革命就是顺应历史潮流，要干革命就得犯危险。没有危险就没有革命；没有牺牲就没有工农大众的解放!"敌军团长劝降未成，便草草结束了谈话。

劝降失败后，敌军团长常对别人说刘伯坚是用"特殊材料制成的共产党员"。最终，他们将刘伯坚押入大庾监狱（今大余县）。之后，又把刘伯坚解往绥靖公署候审室。

敌人让刘伯坚指认他的革命同志，但刘伯坚都以一句"我不认识他"作答，掩护了许多同志的身份。在对他进行庭审时，刘伯坚将庭审变成宣传救国的演讲台。

敌："你为什么加入共产党?"

刘伯坚回答道："我看你们国民党毫无治国救民的办法，故加入共产党，致力于土地革命。"

敌："你们共产党有办法，为什么弄得现在一败涂地?"

刘伯坚坚定地说："胜败乃兵家常事，古人说：'野火烧不尽，春风吹又生。'只要革命火种不熄，燎原之火必然漫天燃起。"

敌："你们野战军西奔川黔的意图是什么?"

◎刘伯坚烈士雕像

“此次红军野战军出动川黔之意图是，要扩大苏维埃运动到全国范围去，建立苏维埃更大的新根据地。同时，号召和团结千百万群众实行民族革命战争。”刘伯坚详细地解说。

敌人被驳词穷，快速结束了尴尬的审讯。接连几天，敌人千方百计，想尽一切手段，始终无法从刘伯坚那里获得消息。面对这样坚强、不屈不饶的共产党人，他们束手无策。

1935 年 3 月 21 日早晨，刘伯坚吃了“长生饭”喝了“永别酒”，高唱着《国际歌》，被敌人押走。临行前，敌人问道：“你还有什么后事要办?”

刘伯坚回答道：“第一，让我写封家书，交代我的子孙后代要将革命进行到底；第二，我死之后要把我葬在梅关。”敌人非常不解，问道：“为什么要葬在梅关?”

刘伯坚正气凛然地说道：“葬在梅关站得高望得远，我死后也能看到革命的烈火到处燃烧!”

敌人叹气道：“死到临头还这么硬。”于是，刘伯坚用敌人给的纸和笔，写下了两封感人至深、动人心魄的书信。一封是给兄嫂的，另一封留给他的妻子王叔振。

刘伯坚预言：“不久的将来中国民族必能得到解放。”

三声枪响之后，一个无私无畏、一生致力于革命事业的共产主义战士牺牲了，时年 40 岁。

独臂将军——刘畴西

为了打倒军阀，性命尚可牺牲，割掉一臂又有何妨？请大家放心，我一只手也能干革命！

——刘畴西

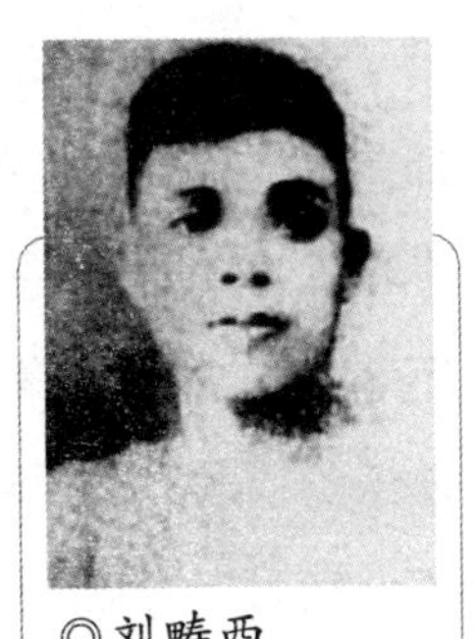
◎刘畴西

刘畴西（1897～1935），湖南长沙人，原名梓荣，别名之荣。中国共产党早期军事领导人之一，反“围剿”战斗中屡立战功，有“独臂将军”之称。1933 年 2 月任福建军区总指挥，闽浙赣军区司令员兼红十军军长。1934 年 8 月被授予二级红星军功章，11 月任红十军团军团长。1935 年 1 月在怀玉山被国民党重兵包围被俘，8 月 6 日在南昌与方志敏一同英勇就义。

痛失左臂

1925 年 1 月 15 日广东革命政府发布了《东征宣言》，刘畴西参加了第一次东征。2 月，敌人在淡水附近增兵，在攻坚战中，刘畴西勇敢地加入了“敢死队”。2 月 15 日黎明，战斗打响，在队友的掩护下，刘畴西冒着枪林弹雨第一个爬上城头，身负重伤。

3月12日早上，在棉湖战斗中，一颗子弹射入刘畴西的左臂，瞬间鲜血直流。刘畴西并没有顾忌太多，在简单的包扎后，继续指挥战役。战后，他被送往医院救治，医生诊断静脉破裂，血管溃烂无法医治，只能把左臂锯掉，才能保住性命。失去左臂的刘畴西，并没有因此而放弃革命。住院期间，他兼任医院的党代表，常对伤员嘘寒问暖。东征结束后，他获得了军校颁发的军功状。蒋介石也为刘畴西拨专款，装了一支假臂。1926年6月，刘畴西任黄埔同学会总务科长。

蒋介石发动四一二政变后，党组织派刘畴西立即去武汉找贺龙。1927年5月底，长沙正值“白色恐怖”时期，恰巧刘畴西在长沙碰到了郭亮，于是两人火速赶到武汉，进入第十一军二十四师。刘畴西任师部参谋，参加了“东征讨蒋”的行动。

1927年8月，刘畴西参加八一南昌起义，先后担任十一军二十四师营长、团参谋等职务。起义在广东潮汕失败后，刘畴西与郭亮、柳直荀，准备去香港，不料在海上遇到了海盗，财物被抢劫一空不说，还差点在海上丧命，终于在漂浮了几日后，遇到一艘去往公海的船，才得到救助。几经辗转，刘畴西于1928年1月初抵达上海。

党组织考虑到刘畴西的身体状况，便决定让他在上海休息一年。在这一年时间里，刘畴西仍在心中时刻牵挂着革命事业，他一边养病，一边协助周恩来领导的工作。

屡立战功

1929年初，刘畴西被派往莫斯科苏联伏龙芝军事学院学习，一年半后提前结业归国。1930年8月，刘畴西返回上海，被派到江西中央苏区，担任红一军团第三军第八师师长，先后参加了第一、二、三次反“围剿”行动，立了不少战功。

1931 年冬天，中央军事学校成立，刘畴西担任政治部主任兼军事教员。为了让学生更好更快地掌握军事技能，刘畴西常熬夜制定教学方案。在训练每一个士兵的过程中，他都用心负责地教导。刘畴西虽然失去了一条左臂，但这一点儿也没有影响他和士兵一起训练的决心。不管环境如何恶劣，刘畴西都坚持跟士兵们在一起训练。为了使大家更好地记住战斗要领，刘畴西把自己在国外学习的军事知识和反“围剿”的经验相结合起来，让大家学以致用。周恩来曾高度评价过刘畴西，说刘畴西的教学比黄埔军校办得更好。

1932 年 6 月，国民党军对中央苏区发动第四次“围剿”。刘畴西担任红军第二十一军军长，与李井泉政委率部在闽赣边境，协助红三军团和红十二军一起作战。1933 年 3 月，刘畴西奉命前往闽浙赣军区，任军区司令员兼红十军军长。刘畴西与方志敏领导的闽浙赣边军民，为了配合中央苏区反对国民党军的第五次“围剿”，他们不惜任何代价，全力以赴作战。1934 年 1 月，在瑞金召开的中华苏维埃共和国第二次全国代表大会上，刘畴西当选为中华苏维埃共和国中央政府执行委员。同年 8 月，被授予二级红星军功章。

◎闽浙赣省苏维埃政府旧址

浴血奋战

1934 年 11 月初，寻淮洲、乐少华率领红军北上抗日先遣队进入闽浙赣苏区与刘畴西、方志敏领导的红十军会师。两军合编为红十军团，刘畴西任军团长。红十军团组成后，原红七军团改为第十九师挺进浙皖赣边境，打击“追剿”的国民党军，相继发展新苏区；原红十军分编为红二十、红二十一师。刘畴西率红二十、红二十一师留在闽浙赣苏区，保卫根据地。红十军团对外用“红军北上抗日先遣队”的旗号，刘畴西任先遣队总指挥。12 月上旬，因国民党军对闽浙赣苏区的“围剿”更加严重。于是，刘畴西奉命率红十军团指挥部及第二十、二十一师跳出国民党军的包围圈，北上皖南。

1934 年 12 月上旬，蒋介石调动 5 个正规师、两个独立旅及 4 个保安团，企图消灭红军北上抗日先遣队。12 月中旬，先遣队在太平县谭家桥战斗中，后因兵力配置不当，导致失利。这时，有一部分士兵建议分散兵力，就地开展游击战争，但刘畴西又担心兵力分散，会比先前更难应付敌军。于是，他带领部队掉头南下，返回闽浙赣苏区，调整休息。

◎图为红军北上抗日的宣传画与红十军军旗

南下途中，方志敏、粟裕带领八百名士兵领头先走，刘畴西率部队主力随后。1935 年 1 月，军团主力在进入闽浙赣苏区的通道时，遭到敌军国民党的堵截。这个时候，已离苏区不远了，方志敏见形势如此严峻，便决定让粟裕等率先头部队继续南下，自己留下等候主力。当刘畴西与方志敏会合时，国民党已先人一步，截断了粟裕曾走过的行军路线。最终，红十军团主力在怀玉山区被国民党重兵包围。经过七天的浴血奋战，刘畴西，方志敏率领部冲杀数次，但都没能成功突围。最后，只有少部分的士兵突围成功，大部分都壮烈牺牲。战斗中，刘畴西右手中弹，他与方志敏先后被俘，被关进了南昌监狱。

与正义为伍

刘畴西的被捕引起了蒋介石的重视，因为刘畴西是黄埔军校的第一期学生，曾担任过黄埔同学会的总务科长，而那时的校长正是蒋介石。对于这位果敢英勇的年轻人，蒋介石从未忘记过，这么优秀的将才，蒋介石很想化为己用。于是，他吩咐驻赣绥靖公署主任顾祝同，务必要将刘畴西“争取”过来。

一天晚上，刘畴西被提审。

敌人问刘畴西：“你是黄埔一期的学生，委员长很器重你。不是吗？你那只假手也是委员长批款给你装上的。我想向你进一忠告，既然你们已经失败了，还是到国方来做事吧，何必固执呢?”

刘畴西冷笑了一声说：“我们共产党人的信仰是不可动摇的，不要指望我给你们办任何事情。”

敌人见刘畴西坚持不改变主意，就笑眯眯地说：“对你直说吧，上峰要重用你呀！不然，为什么留着你不杀呢？再说，你们的主义不见得会成功，即使成功了恐怕要等几百年，你何必这么傻，为几百年

◎刘畴西与方志敏在狱中

以后的事去拼命呢？”

刘畴西坚定地回答说：“共产主义的实现，谁也不可阻挡。”

被气得够呛的敌方审问员说：“你晓得孔荷宠（曾任红军师长、军长，1934年7月叛变投敌，被称为“红军第一叛徒”）吗？”

刘畴西不冷不热地说：“听说过这个名字，他是个无耻的家伙！”

敌人听后怒气冲天，但想想又忍了下来，说：“你说他可耻，我们说他是觉悟高，懂吗？这叫弃暗投明。现在，他当了少将参议，每月拿五百元大洋！”

刘畴西马上说：“我不像他一样，我不要官，也不要钱。”

敌人鬼嚎了一声说：“经我的手判决枪毙的共产党人有多少，连我自己都记不清了，你要放明白点！”

刘畴西听罢哈哈大笑起来说：“你能砍下我的头颅，但你动摇得了我的信仰吗？共产党人是杀不绝的！”

敌人除了对刘畴西利诱以外，还用了友情这个筹码，请来不少黄埔军校的老同学来探望，劝他投降，但依然丝毫不起作用。敌人恼羞成怒，露出了凶狠的本质，决定杀害刘畴西。刘畴西早已看透敌人的阴谋，他对自己的战友说：“死是不可避免的，至于什么时候死，我不知道，因为生命已经握在最凶恶的敌人的掌心。”

1935年8月6日的凌晨，敌人把刘畴西押往南昌市百花洲下沙窝的秘密刑场。刘畴西脚上带着重重的铁链，和难友一起大声呼喊：“中国苏维埃万岁！”“红军万岁！”“中国共产党万岁！”在呼喊声中，刘畴西倒下了。刘畴西为了中国的革命事业留尽了最后一滴血，时年38岁。

鲜为人知的先烈——杨匏安

去国六千里，心随云水长。
逃生来绝域，问禁入危邦。
归意能无动，公忠不可忘。
相思凭梦寄，月色满桄榔。

——杨匏安《寄小梅》

杨匏安（1896～1931），广东香山县（今中山市）南屏乡（今属珠海）人。五四运动时期，华南地区马克思主义最早的传播者，中国共产党早期杰出的革命家。

◎杨匏安

信仰的树立

广东香山，这是一个革命之地。

杨匏安的父亲主要是以贩卖茶叶、瓷器为生，勉强度日。不幸的是，在杨匏安很小的时候，父亲就去世了，仅剩母亲一人支撑整个家。杨匏安的母亲生于华侨富商官宦之家，读过私塾，爱好诗词文学，左右手都能写出漂亮的书法。同时，她禀性刚强，不甘示弱，孤儿寡母生活虽然很艰难，但从不接受带有侮辱的施舍。母亲富有骨气的性格对杨匏安有着很深的影响，她对杨匏安的教育和影响，为他后来走上革命道路起了很大作用。

家庭的变故，生活的艰难，社会的贫富不均，渐渐使杨匏安感到世态炎凉，对当时的黑暗社会越发不满。杨匏安是个聪明的孩子，从小就勤学好问，求知欲极强，他常听母亲讲一些爱国志士的故事，最崇拜文天祥、岳飞等英雄人物，幼小心灵中不知不觉中已埋下了正义的种子。

中学毕业后，杨匏安回到家乡恭都小学任教，谁知学校和政府一样腐败。校长私吞公款，杨匏安和其他教师就将其揭发了。没想到，校长不但没有受到相应的惩罚，反而勾结政府将杨匏安和另外一名教师以“图谋不轨”的罪名关进了监狱。

经历了这一回冤狱，杨匏安对这个黑暗的社会越发的失望。什么“公理”、“正义”根本不会在这世道下存在！那些军阀官僚贪赃枉法、残民以逞，那些假革命党人出卖灵魂、蜕化变节，这些都让杨匏安深恶痛绝。于是他下定决心，要除去人间腐恶之人，实现自己救国救民的理想。

1919 年，五四运动爆发，在《广州中华新报》兼职的杨匏安，突然从黑暗中看到了星星之火的希望。早在日本留学时期，他就已经对马克思主义有了较深的了解。此时，十月革命胜利的消息传来，让他对世界形势有了新的看法。杨匏安通过《广州中华新报》连续十几天刊登《马克思主义》一文。这在当时的华南地区，是最早系统地传播马克思主义的文章。许多人都知道建党的时候，有“南陈北李”（陈独秀、李大钊）之说；但最早在中国系统地宣传马克思主义时，却有“南杨北李”（杨匏安、李大钊）之说。

杨匏安热情地赞颂了马克思主义对人类的伟大贡献，高度评价它在社会主义运动中的地位，表达了自己对这个学说的无比敬仰。与此同时，杨匏安已从一个小资产阶级民主主义革命者，转变为一个马克思主义者。

一跨两党

1921 年，杨匏安加入中国共产党，成为广州地区最早的一批共产党员之一。杨匏安入党时，广东思想界还很混乱，形形色色的无政府主义思潮阻碍着党的思想建设。因此，党的突出任务就是加强马克思主义的宣传。杨匏安带着比以往更高的热情，继而开展一系列的介绍、宣传马克思主义的工作。

第二年春，杨匏安积极参与和领导“广东社会主义讨论会”，这是以社会主义青年团员为基干组织的。会议以专讨论马克思主义及关于马克思主义各种问题，以及如何应用于中国为宗旨。杨匏安在广东团的机关刊物《百年周刊》上发表《马克思主义浅说》。这篇文章及时地帮助华南青年认识和掌握革命的指导思想。

1923 年 6 月，国共两党决定开始合作。同年 10 月，党决定派谭平山参加国民党临时中央委员会。谭平山、杨匏安两人为中国共产党在国民党的党团书记，以统一出席国民党会议的共产党员和社会主义青年团员的思想和意见。在中国共产党的建议下，国民党的改组以广州市党部为试点。此后，杨匏安转为从事党的统一战线工作，在特殊的岗位上继续战斗。

二次被捕

1925 年 6 月，五卅反帝爱国主义运动爆发了。广州的滇桂军阀杨希闵、刘震寰勾结香港帝国主义发动武装叛乱。广州革命政府在铁路工人的配合下，迅速将叛乱扑灭。杨匏安参加完平叛杨、刘滇桂军斗争后第二天，便到香港和邓中夏、苏兆征、杨殷等人，组织发动省港工人大罢工，声援上海五卅反帝爱国运动。

暑气蒸腾的夏天，香港爆发了震惊中外的省港工人大罢工，斗争异常艰苦激烈，组织上决定派杨匏安以廖仲恺代表的身份前去香港支援。

静幽幽的深夜，处于罢工状态的香港仿佛断了火的烟囱，伫立在黑暗中。杨匏安和几个罢工代表坐在一间闷热的小屋中，就着昏暗的灯光，商讨着如何解决罢工工人的食宿、交通和回乡旅费等问题。突然，门被撞开了，一群香港警察气势汹汹地闯了进来，不由分说就将杨匏安等人拉上了囚车，罪名是“煽动工潮”。面对港英警察，杨匏安讥讽地一笑，质问道：“为饥饿、流落街头的工人解决食宿，何罪之有？”港英警察被问得张口结舌，面面相觑，不过还是将杨匏安逮捕了。

杨匏安被捕后的第三天，省港罢工委员会的机关报——《工人之路》特号，发布了《杨长官被捕》的消息。杨匏安不幸被捕的消息传开了，20多万罢工工人闻讯无比激愤。工人纠察队严密封锁了港口，通道，禁止粮食、肉类、蔬菜运往香港。断水断电，垃圾遍地，让香港一度成为了“臭港”。在杨匏安被关押足足50天后，香港政府因为找不到他“煽动”罢工的证据，只好将他释放，并把他“驱逐出境”。

出狱后，省港罢工委员会的机关刊物《工人之路》特号，为杨匏安用三号大字加框，发布“欢迎杨匏安先生出狱”的特别新闻。8月25日，省港罢工委员会在省教育会搭起鲜花牌楼，开大会欢迎苏俄总工会代表团来华和杨匏安出狱。

三次入狱

1927年11月，犯“左”倾盲动错误的中共中央领导人实行惩办主义，处分了包括毛泽东、周恩来在内的大批同志，其中谭平山则因组

织第三党问题，被开除党籍。此时，外间讹传谭平山在组织第三党时，把杨匏安列为发起人之一。中共中央领导人因此撤销了杨匏安的中央监察委员职务，并给予留党察看处分。其实杨匏安本人反对谭平山组织第三党，此处分属于冤屈。为了澄清事实，杨匏安于 1928 年 2 月在中共中央机关刊物——《布尔塞维克》第十七期上发表《所谓第三党》一文，表露传闻的无稽。这篇文章高度体现了杨匏安在大革命失败，他本人受到犯“左”倾错误的领导人的排斥、打击之后，仍然对党忠贞不渝的革命情操。他对谭平山组织第三党的错误所作的分析和批判，用严肃的态度，以理服人，实事求是，与人为善，不像有些犯“左”倾错误者，把同志当做敌人看待。

虽然杨匏安受到了当时“左”倾领导人的排斥和打击，但他仍对党坚贞不渝，忠心耿耿。遵照党的指示，他赴南洋展开革命工作。

1929 年，杨匏安回到上海，留在党中央机关，参与党的报刊出版工作，同时开展党的地下活动。他伏案运笔，辛勤耕耘，短时间内编译成 20 余万字的《西洋史要》，主要阐明西欧各国革命史及国际共产主义革命史，文笔流畅，观点鲜明。

在杨匏安为革命辛劳工作的同时，他的家人也为革命作出了许多贡献。举家迁入上海的杨匏安，一家十余口人，生活十分拮据艰难，且充满危险。他白天为党工作，夜晚还要写稿和译书，以帮贴补家用。他的母亲利用自己年老不引人注意的优势，接待和掩护过大批革命同志，被称为“革命母亲”，他的孩子失学担任传递传单书报等工作。每人口袋里只装两毛钱，规定平时不得动用，在机关暴露或与组织失去联系时用于买食物。

1930 年，党的印刷机关遭到敌人破坏，杨匏安不幸被捕。好在没有暴露身份，在上海提篮桥监狱被关了 8 个月后，在党的营救下获释。出狱后，他继续留在党中央工作。

宁死不屈

1931年7月,《红旗日报》工作人员胡章原因与时任中共中央宣传部副部长的罗绮园在私人生活上起了纠葛，所以在被派到温州工作的时候，跑到南京向国民党告密，叛变了革命。

国民党中央组织部部长陈立夫如获至宝，展开了大抓捕。由于胡章原的告密，杨匏安的住所被暴露。7月25日，杨匏安在家中被捕。

曾经在国民党内有很高的地位，又受到过共产党错误处分的杨匏安，对于蒋介石来说有很大的诱惑，于是劝降就成为了杨匏安被捕之后的重点。

蒋介石亲自指挥和组织对杨匏安的劝降。首先被派来劝降的是淞沪警备司令部司令熊式辉和吴铁城等国民党要人，杨匏安对他们只有拒绝，表示宁死不屈。接着国民党的元老吴稚晖，一个能言善道的反动老政客也来做“说客”。他向杨匏安说了无数的“道理”，但是还是遭到了杨匏安的拒绝。

“其实很简单，蒋总司令既不要你出卖同志，也不要你出卖良心，只要你写一份自首书或在报上发表声明脱离共产党，就给你自由，并保有高官可做。”吴稚晖放出利益条件。

杨匏安态度很明确，他说：“我是为了寻求真理才加入共产党的，既已选定，就不能动摇。”

利诱不行，吴稚晖就威胁说：“你再这样坚持下去，后果不堪设想。”

“大不了是杀我的头。我从参加革命开始，就已把生死置之度外了。死可以，变节是不可能的!”面对这样的回答，吴稚晖只好挟着皮包拂袖而去。

无奈之下，蒋介石只好亲自出马劝降杨匏安。杨匏安案情的性质定下来了，被关押在龙华淞沪警备司令部看守所，于是蒋介石一连写了两封信通过警备司令部交给杨匏安。蒋在信中劝他脱离共产党，归顺国民党。可两封信都被他给撕得粉碎。

蒋介石还是不甘心，让警备司令部带杨匏安到办公室电话旁，他亲自与杨匏安通电话。当时，宋美龄很不理解，特意问蒋介石说："你对杨匏安如此低三下四，值得吗?"蒋介石说："这叫做'三分军事，七分政治'，杨匏安是个有影响的人物，国共分家后，他在共产党那边一直不得志，把他拉到我们这边来是很可能的。如果能把他拉过来，那比消灭一万个'共匪'的胜利还大。"

但是蒋介石万万没有想到，杨匏安不仅没有接他的电话，还将警备司令熊式辉递过来的电话摔了。蒋介石气不打一处来，立即向熊式辉下达了"就地枪毙，让他秘密消失"的狠毒命令。

1931 年 8 月的一天夜里，国民党反动派在淞沪警备司令部内的荒地上将杨匏安秘密枪杀，年仅 36 岁。

慷慨登车去，相期一节全。
残生无可恋，大敌正当前。
知止穷张俭，迟行笑褚渊。
从兹分手别，对视莫潸然。

这首诗，是杨匏安被敌人由租界捕房引渡到淞沪警备司令部侦查队的途中，在囚车上作的，充分体现了他的大义凛然、威武不屈的崇高革命气节，同时也鼓励难友，在临难关头，坚持革命气节，永不叛党。

紧要关头，挺身而出——杨闇公

人生如马掌铁，磨灭方休。

——杨闇公

◎杨闇公

杨闇公（1898～1927），又名杨尚述，字闇公，四川省潼南县双江镇人。中国共产主义运动先驱者，四川党团组织主要创建人和大革命运动的主要领导人。1927 年被捕，在狱中受尽折磨，坚贞不屈，于 4 月 6 日牺牲在重庆佛图关下。

出身封建，而不苟同

杨闇公出生在一个封建大家族里。到他父亲杨淮清这一代时，他们家的地位在整个家族中已经低了很多。于是，父亲就把杨闇公过继给了叔父杨霞峰。

杨氏家族对后代的教育很重视，从小就有家庭教师教导他们。而杨闇公则是跟着塾师吴仲儒学习。吴仲儒平时主要讲四书五经，偶尔也给孩子们讲些“太平天国”、“水浒传”之类的故事。这些故事都是杨闇公的最爱听的，每次都听得津津有味。

随着革命思潮的不断涌动，杨氏家族也冲出一股新力量加入到反

◎杨闇公同志旧居

封建的革命中去。杨闇公的大哥杨剑秋和堂兄杨宝民相继参加同盟会，这对杨闇公有很大影响。

1913 年 7 月，杨闇公离开家乡，决定去上海找刚留学回国的大哥杨剑秋。这时堂兄杨宝民也因为湖口起义失败，来到了上海法租界，用行医作为掩护身份，继续反对袁世凯。当两个哥哥了解到他想革命时，便想介绍他加入到国民党的行列，但是又考虑到杨闇公年纪尚轻，便决定过些日子让他去日本学习军事。

1917 年，杨闇公东渡日本学习军事时，只有 19 岁。到了日本，他先学习日语，于 1918 年进入日本士官学校学习军事。学习期间组织留日同学读书会，与大家一起讨论时政。谁知日本警视厅居然以未经学校批准为由，扣留了杨闇公几天。

当时，俄国十月革命胜利的消息正传得沸沸扬扬，马克思列宁主义也相继传开。杨闇公也学习阅读了一些马克思列宁主义的书籍。1919 年 5 月 4 日，在北京爆发了五四爱国运动。这个消息传到日本后，为了声援五四运动，在日本留学的中国学生和华侨到中国驻日本使馆示威。示威时，为了保护同胞，杨闇公与日本宪警展开了搏斗。接着，因为违反治安罪被捕入狱，判处有期徒刑 8 个月。这是杨闇公在日本的第二次入狱。刑期满了之后，杨闇公得到释放，于 1920 年秋天回国。

做适合中国的革命

1920 年秋，杨闇公回国后，在重庆从事马克思主义的启蒙宣传活动。1922 年，杨闇公经童庸生介绍，加入成都“中国社会主义青年团”。不久，他认识了在四川威望很高的吴玉章。随即，便和吴玉章等人共作商讨，开始创建四川共产主义的革命团体。

1924 年 1 月 12 日，反帝国主义、封建军阀的共产主义的革命团体——“中国青年共产团”（简称 Y·C 团体）在成都成立。5 月 1 日，中国青年共产团和中国社会主义青年团在成都少城公园联合举办了大型纪念会。杨闇公发表了演讲。

1925 年 3 月，吴玉章、童庸生、杨闇公等加入中国共产党，他们都是四川地区共产主义运动的先驱。他们遵照中央的指示，重新调整和更改四川国民党组织，实现四川省内的国共合作。接着又组织群众开展反帝反军阀斗争，掀起大革命的高潮。10 月，中共四川地方委员会成立后，杨闇公被选为书记。1926 年 2 月，任中共重庆地方执行委员会书记，同年 10 月任地委军委书记。

1926 年冬天，杨闇公领导四川党组织，一方面大力发展工农运动，一方面把注意力集中于军事斗争。同年 12 月，杨闇公参与、策划了四川泸州、顺庆的起义，有力地支持了北伐战争。

明知山有虎，偏向虎山行

1927 年春天，四川反动军阀和蒋介石相互勾结，残害共产党人和革命群众。1927 年 3 月 31 日，杨闇公和同志们组织重庆市群众聚集在

◎杨闇公烈士雕像

打枪坝集会，抗议英、美帝国主义军舰炮轰南京城的罪行。

1927 年 3 月 31 日一大早，杨闇公就起来了，开始准备大会上的内容。杨闇公的父亲杨淮清目睹这几天的情况，觉得这次大会凶多吉少，便劝阻儿子，让他不要参加大会。杨闇公并没有听从父亲的劝告，就在他出门前，接到了一封信。这封信是刘湘军部的一位参谋长送来的，他是杨闇公的亲戚。信上说这次的大会可能对杨闇公不利，劝他不要去参加大会。杨闇公并没有畏惧，而是冷笑道："威胁和利诱，对我都无济于事，我们是为了正义的事业，不是为了个人的利益，难道还有错吗？你们收买不了我，也阻止不了我！"说完，便抱起自己的一岁多的女儿赤化，笑着说："爸爸死了，你可要给爸爸报仇啊！"随即又轻吻着摇篮中刚满月的儿子。杨闇公明明知道这天凶多吉少，却不顾个人安危，毅然奔赴会场。正当大会召开时，四川军阀刘湘派军警对聚集的群众实行了血腥镇压，造成重庆惨绝人寰的三三一惨案。

惨案发生之后，群众死伤惨重，杨闇公受到敌人的追捕。但他毫无畏惧，在三三一惨案发生的第二天，杨闇公立即返回城区，联系同志，安排接下来的工作。

4 月 1 日，杨闇公来到妻子赵宗楷的哥哥家，召开了党团负责人的秘密会议，商议妥善处理后事的问题。接着他准备前往武汉，向党中央汇报重庆的情况。这时，重庆的白色恐怖氛围依然没有退去。家人都劝杨闇公先暂避风头，而他却坚定地说：“敌人虽然残酷，可群众死得这么惨，革命一刻也不能停顿，我岂能顾忌个人安危?”

4 月 3 日晚上，化装后的杨闇公与妻子赵宗楷同另外一名共产党员一起上了名为“亚东轮”的船。因为有叛徒告密，在 4 月 4 日早上，船开到江心时，抛锚停下。很快，这艘“亚东轮”就被敌人的多艘小船包围了，特务们一个接一个地跳上船。紧急情况下，杨闇公不动声色地将自己随身携带的机密文件撕碎吃了下去。特务上前询问杨闇公：“你是不是杨闇公?”杨闇公神色自若地说：“我是，你们想怎么样?”杨闇公对妻子说：“宗楷，你不要害怕，也不要难过，转告同志们，我会斗争到底的。孩子大了，要他们为我报仇！你要好好抚养他们。”接着杨闇公又说：“敌人眼看就要无立锥之地了，共产主义事业是一定会在全中国胜利实现的。”杨闇公抱着将生死置之度外的革命态度走了。谁也没想到，这是他们夫妻最后一次见面。

赵宗楷被敌人关押两天后，在其父亲的帮助下，获得释放，而杨闇公则被关进了监狱里。

酷刑当前，毫不畏惧

狱中敌人对杨闇公软硬兼施，费尽心机，妄想从他嘴里套出一些机密。杨闇公丝毫没有屈服的意思。无论敌人怎么样对他，他都不肯屈膝。敌人用乱棍敲打杨闇公的双腿，迫使他跪下。敌人问他：“难道你不怕死吗?”杨闇公轻蔑地看着他们说：“只有你们才怕死，你们也必然要死无葬身之地。你们只能砍下我的头，可丝毫都不能动摇我的信仰。我的头可断，志不可夺!”敌人看他什么也不说，决定在 4 月 6 日的深夜，在重庆佛图关的一个山岩边将其杀害。杨闇公临死还高呼

◎杨闇公烈士墓

着“打倒帝国主义、打倒军阀、中国共产党万岁！”

为了不暴露杀害杨闇公的罪行，敌人让刽子手用刀棒乱打一通。尽管这样，依然没有阻止杨闇公高喊革命口号。恶毒的敌人又将杨闇公的舌头割掉。被割掉舌头的杨闇公还是没有放弃，继续用鼻子哼着，愤怒地瞪着他们，双手还不断地比画，以示他心中的愤怒。丧尽天良的敌人，不仅没有收敛他们的酷刑，还丧心病狂地挖掉了杨闇公的双眼，砍掉了他的双手。最后，敌人的三颗罪恶的子弹了结了杨闇公的性命。只有 29 岁的年轻生命，就这样被敌人残害了。杨闇公为了共产主义的胜利，献出了自己的一切。

"铁肩担道义，妙笔著文章"——李大钊

人生的目的，在于发展自己的生命，可是也有为发展生命必须牺牲生命的时候。因为平凡的发展，有时不如壮烈的牺牲足以延长生命的音响和光华。绝美的风景，多在奇险的山川。绝壮的音乐，多是悲凉的韵调。高尚的生活，常在壮烈的牺牲中。

——李大钊

◎李大钊

李大钊（1889～1927），中国最早的马克思主义者，中国共产党的主要创始人和早期领导人。原名耆年，字寿昌，后改名大钊，字守常，直隶乐亭（今属河北）人。

四处求学为救国

李大钊的身世充满了悲壮气息，在他尚未出生之时，父亲便被疾病折磨致死。在他出生一年零四个月后，母亲因承受不住精神压力，也被病魔夺去了生命。正如他在自述里所说的，还在襁褓之时，就失去了父母，不仅没有兄弟，也没有姐妹，靠爷爷养大。

爷爷是个读书人，知情达理，为人忠厚。他很早就开始教李大钊

◎李大钊故居

识字、读书。李大钊非常聪明，四五岁的时候便能熟读《三字经》、《千字文》等中国传统启蒙书籍。在他 16 岁的时候，正值清政府废科举、兴学堂，他在这时考进了永平府中学堂。这是一所新式学堂，李大钊在这里眼界得以开拓，也逐渐让他认识到“深研政理，求得挽救民族，振奋国群之良策”的信念。本着这个信念，他报考了天津北洋法政专门学校。

1913 年，李大钊于天津北洋法政专门学校毕业，在朋友的资助下，于 1914 年到日本早稻田政治大学学习。当时，正是国内“窃国大盗”袁世凯妄图恢复帝制的时候。李大钊在日本组织了神州学会，参加留日学生反袁斗争。

1915 年 1 月，日本帝国主义提出了妄图灭亡中国的“二十一条”。中国留日的学生群起反对卖国条约，召开留日学生总会会议，公推李大钊为文牍干事，负责起草通电。他用了几昼夜写成激昂慷慨、脍炙人口的《警告全国父老书》通电。此文迅速传遍全国，对当时的反日爱国运动起了极大的推动作用。

播下新思想的火种

在全国人民的声讨下，袁世凯倒下了。但是国内形势依然混乱，各系军阀乘机而起。为了实现自己“再建中华”的伟大抱负，李大钊回到国内，积极投身于正在兴起的新文化运动，并成为新文化运动的一员主将。

1918 年，李大钊到北京大学担任图书馆主任兼经济学教授，这时的北京大学正是新文化运动的中心。他在北京大学期间，一边研究理论、写文章，一边到师生和职工群众中去从事革命活动。

当十月革命胜利的消息传来，李大钊看到了希望，认识到革命的社会主义必将在全世界取得胜利，中国革命必须得走十月革命的路线。他在《新青年》、《每周日刊》等刊物上，发表了一系列的文章：《我

◎北大红楼

的马克思主义观》、《马克思主义历史哲学》、《马克思主义的经济学说》等大量宣传十月革命和马克思主义的文章。其中《我的马克思主义观》标志着他的马克思主义思想体系基本形成。在李大钊的带头下，全国各地很多报刊开始纷纷报道刊登关于马克思主义的文章。

舆论只是一种方式。李大钊除此外还积极创建革命组织，发展革命力量。例如 1918 年发起成立“少年中国学会”，在北京大学成立研究马克思主义的马尔格斯组织等等。还有很多爱国团体、新文化团体和传播新思潮的报刊都请李大钊当顾问或指导。

1919 年 5 月 4 日，伟大的五四爱国运动爆发了。李大钊积极参加并领导运动。在此期间，他写了诸多文章，涉及各个方面，并用马克思主义进行了阐述。在五四运动期间，李大钊和陈独秀亲自拟写和散发《北京市民宣言》。五四运动结束后，马克思主义得到了广泛的宣传，越来越多的先进知识分子走上了马克思列宁主义指引的道路。

◎当时的进步刊物

相约建党

1920年初，李大钊和陈独秀相约，在北京和上海分别活动，筹建中国共产党。3月，李大钊在北京大学组织了中国第一个马克思学说研究会。4月至5月，列宁领导的共产国际派代表维金斯基、马迈耶夫和翻译杨明斋来到北京，通过北京大学俄籍教授鲍立维会见李大钊(张太雷任翻译陪同谈话)。他们共同分析了中国革命的形势，讨论了有关工人运动和建立中国共产党的问题。会谈之后，李大钊介绍维金斯基一行去上海和陈独秀会见。李大钊则在北京积极展开建党的准备工作，宣传马克思主义，培养和物色骨干。正当李大钊等人在北京积极准备建党时，陈独秀已在上海发起建立共产党组织。陈独秀和李大钊经常保持着密切的联系。

8月，陈独秀在上海成立共产主义小组，并不断写信与李大钊商量建党事宜。李大钊派张国焘专程去上海和陈独秀具体磋商。

1921年3月，李大钊对建党提出了明确的主张，并公开号召为迅速组织中国共产主义者的政党而斗争。他在《曙光》杂志2卷2号上发表《团体的训练与革新的事业》一文中指出，中国“彻底大改革”的事业，“要靠民众的势力去完成”，而民众要靠团体去组织训练。“俄罗斯共产党，党员六十万，以六十万人之大活跃，而建设一个赤色国家”，“所以我们现在要急急组织一个团体，这个团体不是政客组织的政党，也不是中产阶级的民主党，乃是平民的劳动家的政党，即是社会主义团体。”

李大钊已经明确指出中国共产党将由共产主义者组成，以中国的彻底大改革为奋斗目标，是有严格组织性纪律性的政党，是共产国际领导之下的马克思主义政党。这个建党思想的提出，反映了中国共产主义运动的客观要求，进一步武装了早期马克思主义者，促进中国共产党的建立。早在 1920 年 5 月，陈独秀等人在上海筹备建党时，考虑到党的名称，是叫社会党还是叫共产党？一时拿不定主意，他便写信问李大钊。李大钊非常明确地回答说：叫共产党。

1921 年 7 月，中国共产党第一次全国代表大会召开，宣告中国共产党成立，从此中国革命的面貌为之一新。李大钊是中国共产党的主要创始人。

到工农中去

中国共产党成立后，李大钊负责党在北方地区的全面工作，是北方革命群众所热爱和熟知的领导人。作为中国劳动组合书记部北方区分部主任，李大钊坚持以开展工人运动为工作中心，经常深入厂矿、铁路，亲自组织和领导工人开展革命斗争，帮助工人建立工会组织，培训工人运动骨干。

为了启发工人的觉悟，李大钊常常亲自给工人讲课。他的课讲得通俗易懂，寓意又深刻，深受工人们的欢迎。他对工人说：“咱们工人可不矮呀，咱们是能够得着天的人。”他在黑板上写一个“工”字，又在“工”字下面写一个“人”字，生动形象地告诉大家，这“工”“人”两个字合在一起就是“天”字。因此，工人阶级只要团结起来，力量就是巨大的。

李大钊创办了《工人周刊》，这是我国早期重要的工人刊物。《工人周刊》追求内容深刻、语言生动、形式多样，辟有评论、劳动新潮、调查、特载、工人常识、工人之声等栏目，报道各地工人受剥削、受压迫的遭遇，大力号召工人组织起来，开展维护工人阶级自身利益的斗争。1922 年 8 月以后，领导全国工人运动的劳动组合书记部总部由上海迁来北京，《工人周刊》就成为劳动组合书记部的机关报。1924年2月，该刊改为中华全国铁路总工会的机关报。这个在李大钊指导下创办的刊物，对全国工人运动，特别是北方工人运动的发展，起了很大的推动作用。

李大钊在领导北方工人运动的同时，也积极领导北方的农民运动。他亲自写下《土地与农民》、《鲁豫陕等省的红枪会》等重要文章。他在文章中提出中国浩大的农民群众，如果能够组织起来，参加国民革命，中国国民革命的成功就不远了。他还强调，广大贫农迫切的要求是“耕地农有”。

因此，唤起贫民阶级组织农民协会，是在乡村中做农民运动的第一紧要工作。据直、鲁、晋、热、察五省的不完全统计，到1926年6月已有农民协会50多个，会员达两万多人。4月18日，北方农民运动活跃的河南省正式成立省农民协会，会员人数约27万之众。李大钊在领导中共北方党组织开展革命斗争中倾注了全部精力，显示出卓越的组织领导才能，是名副其实的“北方革命运动的领袖”。

为革命，斗争到底

1925年，五卅运动爆发后，李大钊与赵世炎等人在北京组织5万余人的游行大示威，有力地支持了上海人民的反帝斗争。1926年3月，李大钊在极端危险和困难的情况下，积极领导并亲自参加了北京反对帝国主义和北洋军阀的三一八运动，号召人们用“五四”的精神、“五卅”的热血，不分界限地联合起来，反抗帝国主义的联合进攻，反对军阀的卖国行为。李大钊的革命活动，遭到北洋军阀的仇视。他们下令通缉革命者，名单上第一个人就是李大钊。

为了保存和发展革命力量，李大钊领导北方的党、团组织，转入了地下斗争。当时北洋军阀的气焰十分嚣张，奉系、直系勾结在一起，疯狂捕杀革命党人。满街都是告示：“宣传赤化，主张共产，不论首从，一律死刑。”他们“说到做到”，《京报》主笔邵飘萍和《社会日报》主笔林白水都被杀害。面对这一切，李大钊镇定自若，毫不惊慌。表姑问他为什么不怕反动派，李大钊说：“我们的主义，就像庄稼人的种子，到处都撒遍了。他们是破坏不了的，这里被破坏了，那里长出来了！”

当时，党组织和其他许多同志都让李大钊暂时离开北京，以避风险。但是李大钊出于对北伐的关注和党工作的考虑，决定继续留下工作，因为这里需要他。

1927 年 4 月 6 日，奉系军阀派了 300 多名全副武装的军警包围了苏联使馆。李大钊与妻子、两个女儿，连同滞留北京地区的国共两党工作人员及苏方人员共 60 余人一同被捕。

“钊实当负其全责”

中国共产党及各界人士得知李大钊被捕后，都非常担心，想尽办法营救他。特别是北方铁路工人准备组织一支武装，潜入北京，打到警察厅去营救李大钊和被困同志。狱中的李大钊知道此事，即刻回信进行劝阻。他说这是在冒险，成功几率不大。现在党组织已经蒙受重大损失，应该保存力量，继续努力。他们为革命牺牲是光荣的。北方工人听到劝阻，都为他们领袖的高尚品德感动得落泪。

李大钊在狱中受尽折磨。敌人对李大钊多次进行秘密审讯，让他坐电椅、坐老虎凳，还用竹签往他的指缝里插。最后，又残酷地将他双手的指甲剥去。但这一切都动摇不了一个革命志士忠于信仰的钢铁意志。面对敌人的审讯，他从容不迫，坚贞不屈。在 20 多天的监狱生活中，他始终没有泄露过任何一点党的机密，没有说过任何一句不利于革命的话。

在李大钊的“供词”《狱中自述》中，为了开脱同案人员，他勇敢地写道：“倘以此而应重获罪戾，则钊实当负其全责，惟望当局对于此等爱国青年，宽大处理，不事株连，则钊感且不尽矣。”

在这生死关头，李大钊临危不惧，宁死不屈，舍己为人，舍身救人。他准备用自己一个人的生命，去挽救多数人的生命。这种惊天地泣鬼神、伟大崇高的人格，足以使一切有良心的人感到敬佩。然而丧心病狂的北洋军阀，不顾广大舆论的反对，于 28 日将李大钊等 20 多名革命者绞杀。

第一个走上绞刑架的是李大钊。他从容不迫地走上前去，面带鄙视敌人的笑容。敌人被他视死如归的大无畏精神惊得目瞪口呆。李大钊转过身，发表了他最后的演讲，嘲笑那些刽子手说道：“中国共产党万岁！……你们就像是热锅里的游鱼一样，还想昏头昏脑地来演丑戏！……不能因为反动派今天绞死了我，就绞死了伟大的共产主义，共产主义在中国必然得到光辉的胜利！我们培养了很多同志，如同红花的种子撒遍各地！我们深信，共产主义在世界、在中国，必然要得到光荣的胜利!”

丧心病狂的敌人，非常惧怕李大钊的临死演讲。为了折磨他，对他绞杀了三次，用时 40 多分钟。

李大钊牺牲时，还不足 38 岁。

◎李大钊纪念馆

"舍身成仁，闻名遐迩"——李硕勋

李陶，（即李硕勋同志），四川庆符人，中国大革命时的共产党员。曾参加一九二七年的八一南昌起义，进兵东江。后奉党命调广东工作，赴琼崖策划游击战争，不幸为反革命当局捕杀。硕勋同志临危不屈，从容就义，是人民的坚强战士，党的优秀党员。他对革命的功绩永垂不朽！

——朱德（1950年为李硕勋烈士题跋）

◎李硕勋

李硕勋（1903～1931），四川庆符（今高县）人，原名开灼，字书薰，又名李陶。中国共产党早期军事领导人之一。1928年5月担任浙江省委常委、省委代理书记。1931年6月担任中共广东省军委书记，受党的委派，前往济南指导武装斗争。同年7月因叛徒出卖被捕，9月英勇就义，时年28岁。

少年觉悟高

李硕勋出生在四川庆符县一个开明士绅家庭，1915到1918年，他在庆符梧岗书院、县立小学读书。李硕勋在读书方面，有自己的一套

◎李硕勋与妻子赵君陶

方法，从不读死书。他做事沉着果敢，在同学中是个富有正义感兼组织能力极强的人。

辛亥革命的风暴启蒙了他幼小的心灵，立志“吾不欲为学者，愿成功一事业家”。他效法当时的革命者，剪去长发，换上短装，表现出大胆的反抗精神，人称“少年革命军”。

1917年，正是军阀混乱时期。有一支四川军阀的部队驻扎在了庆符县。士兵们每天不务正业游手好闲，不但没有保护乡里，还反过来欺压老百姓。李硕勋为了反抗军阀的欺凌和压迫，决心习武参军。

1919年1月，李硕勋来到成都，决定报考四川讲武堂。因为年纪太小，未能录取。李硕勋于次年春天考上宜宾的叙州联合县立中学，后因参加活动积极，被选为叙州中学学生会委员。那时，抵制日货闹得沸沸扬扬，1920年4月，李硕勋组织同学们上街游行抵制日货。不久，李硕勋被选为学生联合会常委。

1921年1月，李硕勋与同校的阳翰笙来到成都，就读于四川省立第一中学。1922年，经朋友介绍进入北京的弘达学院学习。次年，考进国民党和共产党合办的上海大学。在校期间，他先后听过瞿秋白、蔡和森、恽代英、张太雷等著名共产党人的课，学习马克思主义。1924年在上海大学加入中国共产党。入党以后，他于1925年2月8日组织了上海内外棉纱厂工人大罢工。1925年5月30日，爆发“五卅惨案”后，李硕勋积极参加革命，组织群众参加反帝爱国运动。活动中被选为上海学生联合会代表和全国联合会会长。1925年6月参加了第七届全国学生代表大会。担任第七届全国学生代表大会委员长，上海反帝大同盟主席，全国学联总会党团书记等职。

李硕勋在上海大学读了两年社会学，让他对封建的统治和中国社会的现状，有了更为深刻的了解。

1926 年 2 月，中共党组织派李硕勋进入上海高级党校学习。7 月，他参加在广州召开“第八届全国代表大会”。大会结束后，即刻李硕勋赶回上海，展开更加激烈的革命工作。

7 月 30 日，中共上海区委主席团会议决定，任命李硕勋为中国国民党上海市党部秘书长。同年 10 月，党组织派李硕勋到武汉，担任中共武昌地委组织部部长、中共武昌地委组织部部长、共青团湖北省委书记。

奔波于危险之中

1926 年 12 月，党组织派李硕勋到国民革命第四军第二十五师担任政治部主任，成为中共早期参与领导军事斗争的先驱之一。1927 年 8 月 1 日，中国共产党领导的革命武装在南昌城向国民党反动派打响了第一枪。李硕勋带领二十五师七十三团全部，七十四团、七十五团一部，沿南浔铁路南下奔赴南昌，参加起义。后来，这支部队改编为起义军第十一军第二十五师，周士第为师长，李硕勋为党代表兼师政治部主任。

1927 年 10 月下旬，南昌起义南下部队一部由朱德率领到达赣南会昌一带。为和中央取得联系，朱德派李硕勋回上海，向中央汇报情况。为完成任务，李硕勋不辞劳苦，风餐露宿，终于来到上海见到党中央负责人瞿秋白。李硕勋向中央汇报完毕情况后，留在上海做地下党的工作。李硕勋的妻子赵君陶也同在上海从事地下党工作。工作中李硕勋思维敏捷，又懂得随机应变，从敌人手中救了很多地下党员。

1928年5月，李硕勋来到浙江杭州，担任中共浙江省常委。同年夏天，李硕勋还担任了浙江省委军委书记。1929年1月16日浙江省委在杭州召开了扩大会议，李硕勋任组织部部长。同年春天，白色恐怖在浙江地区泛滥。因革命需要，李硕勋再次回到上海，任中共沪西区区委书记。

1930年，李硕勋当选为中共中央军事委员会委员，参与领导了红十四军、十五军、十七军的组建工作，为中国共产党早期武装力量的建设做出了重要贡献。

坚守信仰

1931年5月，中央为了更好地开展两广地区的武装力量建设，任命李硕勋为两广省委军委书记、红七军政治委员。此时，海南岛的革命武装斗争取得了较快发展，两广省委决定，派李硕勋去海南，主持召开琼崖游击队负责人军事会议，并指导海南扩大武装斗争。离别前，李硕勋的妻儿前来送行。妻子赵君陶心里明白，丈夫这次去海南凶多吉少，千叮咛万嘱咐地交代李硕勋到海南要及时给她写信。两天后，李硕勋抵达海南的海口市，与琼崖地区党组织和军事负责人取得联系。不幸的是，因被叛徒出卖，李硕勋在途中被捕入狱。

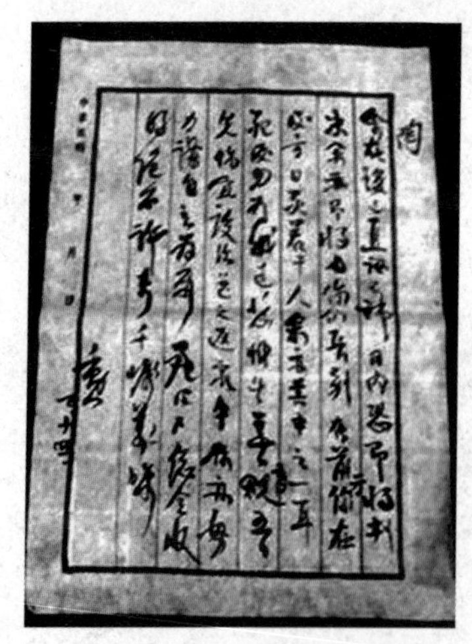

◎李硕勋写给妻子的信

入狱后，敌人对李硕勋用尽酷刑逼问，想方设法地从李硕勋嘴里套出党的机密。李硕勋心中明白，他已被叛徒出卖了。无论敌人如何威逼利诱，在李硕勋这里都不管用。他自始至终都没有暴

◎李硕勋烈士纪念馆

露一点党的情况。最终，敌人把李硕勋的腿硬生生地打断了，并再次逼问他，李硕勋只坚定地说："我李陶是共产党员！"敌人见他这般刚硬，决定把他关押到琼山县政府监狱。

李硕勋已经料到国民党反动派一定会将他杀害，1931 年 9 月初，在狱中他留下两封遗书。第一封是给他妻子赵君陶的，第二封是给柯麟医生的妻子陈志英的。

信一内容：

陶：

余在琼已直认不讳，日内恐即判决，余亦即将与你们长别。在前方，在后方，日死若干人，余亦其中之一耳。死后勿为我过悲。惟望善育吾儿，你宜设法送之返家中，你亦努力谋自立为要。死后尸总会收的，绝不许来，千叮万嘱。

勋

信二内容：

英姊：

我本不识你，但我曾知你同我的妻子是朋友，故特寄一

◎李硕勋烈士雕像

函存你处托转她。我死不必念，勿望代安慰她!!! 并望托人照料她回家去!!!

要她向肥兄处要数百元作路费回家（川），根本把儿子安顿好为要。

勋托

信写好后，他即刻托可靠之人送出。

1931 年 9 月 5 日，李硕勋被国民党反动派押出监狱。李硕勋心里很清楚，行刑的时候到了，他一点也不畏惧，从容地向刑场走去。在赴刑场的途中，李硕勋高呼着：“中国共产党万岁!”“打倒国民党反动派!”“打倒蒋介石!”敌人在海口市东校场刑场，杀害了年仅 28 岁的李硕勋。

收到丈夫遗书的赵君陶，立刻给党中央写信，准备营救，但为时已晚。赵君陶忍着巨大的悲痛，继续艰难的革命斗争。此后，无论在怎样恶劣的环境下，她都像爱护自己的生命一样爱护李硕勋的遗书。直到她去世后，子女将遗书的原件送交中国人民革命军事博物馆保管陈列，让这封书信成为人们缅怀先烈的珍贵遗物。

宁死不跪——陈延年

我是共产党员，我坚决反对妥协退让的右倾机会主义错误。

——陈延年坚决反对父亲陈独秀对国民党右派采取妥协退让的政策

陈延年（1898～1927），又名遐延，安徽怀宁人。中共早期领导人之一。他是五四运动著名的领导人、中国共产党的创始人之一陈独秀的长子。曾任中共广东区委书记，江苏省委书记。1927 年 6 月被国民党政府逮捕，7 月 4 日英勇就义。

◎陈延年

无政府主义的信奉者

由于受马克思主义和西方民主主义思想的影响，陈独秀很早就背离了自己的封建家庭，从事革命活动，引起家庭其他成员的不满。祖辈们自然就把传宗接代、继承和振兴家业的厚望寄托到陈延年这位长孙身上。

幼年的陈延年在家读书，少年时期是一个很有思想的孩子，有铲除社会不平、改变旧社会、追求新理想的抱负。这与他曾遭到反动军阀追杀的经历有一定关系。那是1911年武昌起义成功之后，陈独秀先后任安徽都督府秘书长等职，后来被袁世凯派来的都督倪嗣冲追捕，陈独秀逃亡日本，而倪嗣冲为斩草除根，曾搜捕陈延年兄弟。幸好他们得到消息后逃至怀宁乡下，才免遭毒手。这一事件对陈延年兄弟的童年思想产生了很大影响，也种下了他们反抗黑暗社会和奋起革命的种子。

1915年，陈延年、陈乔年被父亲接到上海。起初，陈延年在法国巡捕房附设的法语补习学校专攻法文。两年后，他就考入震旦大学。这时，各种思潮随着新文化运动的兴起而广为传播。年轻的陈延年刚涉足社会，缺乏识别真理和谬误的能力，认为无政府主义关于个人绝对自由、不要政府的主张最激进、最彻底，因而参加了无政府主义组织"进化社"。

不久，留法勤工俭学运动在中国逐步兴起。为了寻求革命的真理，同时也带着对无政府主义的信仰，陈延年没有接受父亲劝他去苏联留学的主张，而是踏上了远航法国的征途，1919年12月，陈延年由华法教育会负责人、无政府主义者吴稚晖介绍，赴法国勤工俭学，参加了无政府主义组织"工余社"，并主编《工余》杂志。当时，陈延年还是一个颇有名气的无政府主义者。

共产主义的先锋

在法国，资本主义建立较早、发展也比较快。资本主义的腐朽反动，社会的黑暗，使陈延年对资本主义制度的"吃人"本质有了进一步的认识。无政府主义在法国有相当强的势力，但它不仅没有对改造法国社会起任何积极的作用，相反却慢慢堕落为资本主义制度的辩护者。陈延年对此大为失望，这也促使他去寻找新的思想武器。他开始

摒弃无政府主义，转而阅读马克思主义的著作和研究俄国十月革命。

然而，对陈延年思想产生根本动摇的还是实际斗争的严峻考验。1921年，留法勤工俭学学生在共产主义者蔡和森、赵世炎等人的领导下，发动了三次重大的斗争。而自称信奉无政府主义的吴稚晖、李石曾等被陈延年视为“同志”的人，不仅没有站到进步学生一边，反而从中拆台，甚至不惜出卖灵魂，勾结中国驻法公使和法国反动当局，迫害学生。无情的现实使陈延年迅速醒悟，无政府主义不是自己所追求的，它根本拯救不了水深火热的中国。

陈延年的转变和进步，受到了同在法国留学的周恩来、赵世炎等共产主义者的欢迎与帮助。他们开始频繁地接触与交流，共同的信仰使他们成为真正的志同道合者。

1922年，陈延年积极参加筹建旅欧共产主义组织的革命活动。旅欧中国少年共产党(后称社会主义青年团)成立时，他和周恩来、赵世炎等一起被选为少共中央执行委员，并具体负责编辑、刻写少共机关报《少年》。期间他写了很多好文章，成了一位出色的共产主义思想宣传者。当中共旅欧支部成立时，陈延年当选为支部领导成员之一。从此，陈延年光荣地加入了中国共产党，并开始了他的革命生涯。

1923年初，根据国内革命需要，陈延年兄弟二人与赵世炎等人一道，受中共派遣，从法国同赴莫斯科东方大学学习。陈延年在学习期间，一边钻研革命理论，一边密切关注国内形势发展，积极参加党团活动。据当时在莫斯科东大与陈延年一起学习的老人回忆：陈延年平时虽然沉默寡言，但是在讨论和研究理论问题时，却总是热烈发言，阐明自己的见解。他常常为了弄清一个重要的理论问题而同别人争得面红耳赤，与平时的他判若两人。同学们问他为什么如此认真，他回答说，列宁在争论原则问题时如同猛狮，我们也要学列宁，在原则问题上不能马虎。同学们都佩服他的精神，便戏称他为“小列宁”。

深入工农

1924年夏，由于国内形势发展的需要，急需大批干部领导群众开展革命斗争，党中央决定抽调旅俄旅法的同志回国工作。9月，陈延年怀着救国救民的雄心壮志回到上海。10月，被党中央派赴广州，先后任社会主义青年团中央驻粤特派员、中共广东区委秘书长兼组织部长。

不久，陈延年接替周恩来任广东区委书记。他和周恩来、张太雷、苏兆征、彭湃、邓中夏等人组成主席团（即常委会），同时建立秘书处、组织部和宣传部，处理区委的日常事务。之后，又设立工人部、农民部、妇女部、青年部等机构。在广东的汕头、琼崖、北江、西江等地，先后建立了中共汕头地委、琼崖地委、北江地委、西江地委及其所属各县县委，还组建了中共香港支部及广西的梧州地委、福建的闽南特委等。1926年底，广东地区的党员从原有的数百人跃增到5000多人。

陈延年对马克思主义笃信不疑，坚定地依靠工农。他在《民族革命与工农阶级》一文中指出："革命运动中只有最受资本帝国主义与军阀压迫的阶级是最能革命的阶级，这个最能革命的阶级就是工人与农民。"他要求区委主要负责人到工厂、农村，深入到广大劳动群众中去，大力开展工农革命运动。

陈延年以身作则，经常穿着工人服，到广州的万福路、大南路等工人聚集的地方，与工人一起拉家常，交朋友，学拉黄包车，学讲广州话，谈人生和社会革命的道理，毫无留洋学生与高级领导人的架子，工友们亲切地称他为"老陈"。人力车工会很快就组织起来了，还发展了党员。当时香港一家商报还撰文讥笑共产党高官竟替别人拉车。陈延年看了之后，一笑置之。

落入敌人的罗网

1927 年 6 月 26 日，中共江苏省委正在上海北四川路恒丰里 104 号召开成立大会。陈延年接到报告说，一位交通员被捕了。因为该交通员知道这个秘密处所，陈延年马上宣布结束会议，并告诫大家小心谨慎，以防万一。

下午 3 时，为销毁文件，陈延年等人再次来到恒丰里 104 号附近。他们先在暗处观察周围动静，见没有什么异样，便冒险进门，焚烧办公室内的秘密材料。他们刚进去不久，大批军警包围了恒丰里 104 号，陈延年等人抄起桌椅等物与敌人搏斗，终因寡不敌众被捕了。

交通员叛变了，但他并不认识陈延年。在敌人的审讯室里，军警的对面，一个浓眉大眼、皮肤粗黑、体态敦实、身着短衣、裤腿上扎着草绳的年轻人，沉着地说自己叫陈友生，是烧饭的。军警打量着这个穿着简朴的年轻人，尽管疑惑重重，但最后还是在审讯记录中写道：陈友生，被雇用的烧饭司务。其实，这个穿着简朴的年轻人就是中共江苏省委书记陈延年，简朴的装束帮助他掩盖了自己的真实身份。

党组织知道陈延年身份没有暴露，便积极展开营救。当时已经打通关系，用八百银元将陈延年赎出，而对方也已经答应。与此同时，陈延年也怀着一线希望，给亚东图书馆父亲的至交好友汪孟邹写信，请他代想办法营救。陈延年写道："我某日在某处被捕，现拘押在市警察局拘留所。我是工人，不会有多大嫌疑，现在我的衣裤都破烂了，请先生给我买一套衣裤送来。陈友生"。

汪孟邹看到此信，便立即请求胡适帮忙，天真地以为胡适可以救出陈延年。不料，胡适找的人却是铁心反共的吴稚晖。吴稚晖听说这是陈延年，惊喜若狂："好了！好了！老陈（陈独秀）没有用，小陈可怕。捉到小陈，天下从此太平了！”他一面向蒋介石报告，一面立即向上海警备司令杨虎告了密，并添油加醋地说陈延年“恃智肆恶，更甚于其父百倍”，并竭力纵容杨虎对陈延年下毒手。

本来，杨虎不知道逮捕了陈延年这样的共产党要员，当接到吴稚晖的信后，也惊喜万分，立即进行审讯。其中又有一名叛徒叛变，加之吴稚晖的信，使党组织的营救活动失效。

死也不跪

在狱中，陈延年表现了一个共产党人的坚强意志。敌人用尽酷刑，将他折磨得体无完肤，妄图从他身上得到上海党组织的机密。陈延年几次晕死过去，仍一声不吭，只字未吐。他如钢铁般的意志，宁死不屈。敌人得不到任何需要的信息，于是决定将他杀害。

1927 年 7 月 4 日，敌人将陈延年秘密押赴刑场。面对敌人高高举起的屠刀，他昂首挺胸，傲然站立，视死如归。刽子手喝令他跪下，他大义凛然地说：“革命者光明磊落，视死如归，只有站着死，决不下跪！”任凭刽子手丧心病狂地嚎叫，陈延年仍岿然不动。刽子手们一拥而上，把陈延年按倒在地，随即挥刀砍去。在这一瞬间，陈延年一跃而起，傲然挺立，双目如怒火喷向刽子手。砍下去的屠刀扑了个空，刽子手们恼羞成怒，蜂拥而上，以乱刀将陈延年砍死。陈延年牺牲时年仅 29 岁。

陈延年被杀害了，国民党反动派弹冠相庆，上海各大报刊大肆渲染：“铲除了共党巨憝”，“清党”获得“巨大成绩”。然而，反动派永远不会懂：烈士的头颅虽然被他们砍掉了，但是烈士的革命精神永远无法扑灭，更扑不灭烈士播下的革命火种！

“不达成功誓不休”——陈潭秋

五一节，真壮烈，
世界工人大团结！
发起芝加哥，
响应全世界。
西欧东亚与美洲，
年年溅满劳工血！
不达成功誓不休，
望大家，齐努力，
切莫辜负五一节！

——陈潭秋《五一纪念歌》

◎陈潭秋

陈潭秋（1896～1943），中共一大代表、中国共产党创始人之一。1939 年到新疆乌鲁木齐任中共中央驻新疆代表和八路军新疆办事处负责人。1942 年 9 月 17 日被反动军阀盛世才监禁，在狱中坚贞不屈，1943 年 9 月 27 日在新疆遭杀害，壮烈牺牲于天山脚下。

参加建党

陈潭秋，原名陈澄，字潭秋。陈潭秋的童年时期，中国正处于被帝国主义瓜分，中华民族危机日益严重，清政府媚外残民，整个中国都处在水深火热，民不聊生的境地。每遇到天灾人祸，陈潭秋的家乡陈宅楼村和其他农村地区一样，广大穷苦农民都背井离乡，卖儿卖女，逃荒度难。目睹了农民的悲惨遭遇，陈潭秋深感旧社会的罪恶，愤恨不已。

陈潭秋的五哥陈树三，是同盟会员，跟随孙中山闹革命，对陈潭秋有很大的影响。陈潭秋学习也很好，一直是优等生。在中学和大学期间，接触到的一些进步书刊和书籍，陈潭秋都仔细阅读，认真思考研究。同时，他还广泛结交有志青年，讨论时政。十月革命胜利后，马克思主义思想在中国传播很快。陈潭秋开始阅读《新青年》、《每周评论》上的宣传马克思主义的文章，收获颇大。

1919 年 5 月 4 日，五四爱国运动爆发。在此次运动中，陈潭秋毅然加入到革命斗争的行列。他在运动中表现得非常积极，整整一个月，都和同伴们夜以继日地奔波于宣传革命的路上。

革命斗争发展迅速，陈潭秋等具有初步共产主义思想的知识分子，觉得有必要组织一个小组，团结革命力量。1920 年秋，陈潭秋和董必武等人在武汉成立了武汉的共产主义研究小组，接着又建立了半公开的社会主义青年团。他们还创办了《武汉星期评论》，以改造教育和社会为宗旨，反对尊孔读经，倡导民主和科学，宣传妇女解放，鼓吹劳工运动。

1921 年 7 月，中国共产党成立了，陈潭秋参加了当时的中共一大，是共产党的创始人之一。会议结束后，陈潭秋又回到武汉，先后任中

◎陈潭秋参加的中共一大场景再现

共武汉地委、湖北省委主要负责人，继续领导学生、工人运动等革命斗争。

第一次入狱

1930年，陈潭秋到沈阳任满洲省委书记。12月，陈潭秋同团省委书记王鹤寿到哈尔滨，了解北满工作情况，布置纪念广州暴动三周年的活动。当他们在北满特委书记孟用潜家开会时，被敌人发现。他们开会的地点已经被团团包围，陈潭秋见已经无法脱身，镇定地向同志们叮嘱道："要坚持我们的立场!"

陈潭秋等人被捕后，敌人曾施用各种刑罚，但陈潭秋等人坚贞不屈，没有一个人动摇背叛。陈潭秋还以监狱作为战斗阵地，说服狱中看守，弄了些报纸、小说来看，设法与外面的党组织取得联系。此外，他经常了解党内情况，向难友们宣传马列主义，宣传革命道理，提高难友的觉悟。他还给难友们讲政治，讲九一八事变。他说："日寇占我沈阳，占我东北，还想一口吞下全中国，妄图使我们做亡国奴，我们绝对不答应!虽然我们被关进了监狱，我们仍然要坚持斗争。"

陈潭秋的话像一把火，照亮了难友们的心。大伙顿时活跃起来，纷纷表示："活一天就要战斗一天，为解放东北而战斗到底！"有一个大学毕业的知识分子，被敌人打得遍体鳞伤，非常悲观。陈潭秋同他谈心，讲烈士们英勇斗争的事迹，讲抗日救亡的光荣任务。他听了后受很大启发，表示要振作精神，坚持斗争，决不畏难退缩。

由于敌人查不清陈潭秋的真实身份，加之党组织又多方营救，终于把关押两年的他从敌人魔爪之下营救出来。出狱以后，他的身体非常虚弱，记忆力也减退了，但他全然不顾，又投入新的战斗。

人民的好粮食部长

1934 年 1 月，中华苏维埃第二次全国代表大会在江西瑞金召开。陈潭秋出席了这次会议，并当选为大会主席团成员，被大会选举为中华苏维埃共和国中央执行委员会委员。当时，第五次反"围剿"战争正激烈进行。国民党蒋介石对中央苏区实行的经济封锁，加上第五次军事"围剿"使中央根据地日益缩小，以及中共党内王明"左"倾机会主义路线的危害，导致根据地的粮食日益困难。此刻，保证红军的粮食供应刻不容缓。为此，成立了粮食人民委员部，陈潭秋临危受命，担任粮食部长。

陈潭秋到任后，立即着手开展工作，组建各级粮食局，建立健全粮食机构。他到处动员机关干部，让他们参加春季收集土地税和发行谷子公债的突击运动，并且号召"开展节省粮食运动"。在开展节省粮食运动中，陈潭秋要求机关干部带头，提出每个人"节省 3 升米捐助红军"，与此同时还号召群众多种杂粮、蔬菜，以补充粮食的不足。在节粮运动中，粮食部首先响应，陈潭秋以身作则，从自己每天 14 两米（旧制每斤 16 两）口粮中节约 2 两。开饭的时候，陈潭秋还将自己的饭拨给其他饭量大的同志吃。在陈潭秋的实际行动影响下，节粮支前运动收到很大成效。

一次，粮食部到福建长汀镇征粮。长汀镇的老百姓早已把原中共福建省委办公楼打扫得干干净净，迎接他们熟悉的书记陈潭秋。在群众的大力支持下，征来的粮食很快就堆成了一座小山。其实，长汀的群众生活也十分困难。几个月前，陈潭秋做福建省委书记时，曾多次探访当地群众的生活。他亲眼看到长汀镇差不多家家都是三顿稀饭，儿童吃的是红苕和玉米棒，今天怎么一下拿出这么多粮食？陈潭秋对工作队的其他人员说：“为了筹足粮食，支援前线，以保证前方粮食供应，我们要向群众筹粮。但是，筹粮一定要注意从实际情况出发，要注意筹粮不能影响群众的生活，不能让群众挨饿。”对此，长汀镇上的群众惊喜不已，奔走相告。陈潭秋被苏区广大群众称赞为“人民的好粮食部长”。

陈潭秋担任粮食部长仅仅 8 个月，这期间是红军异常艰难困苦的时刻，为保障红军的粮食供给，陈潭秋日夜操劳，勤奋工作，三次完成了艰巨的筹粮借谷的突击任务，保障红军坚持战斗达一年之久。

天山脚下斗军阀

1939 年 5 月，陈潭秋从苏联学习回国后，取道经过新疆，在新疆迪化（今乌鲁木齐）收到中共中央的电示，让他留在新疆接替邓发任中共中央驻新疆代表和八路军新疆办事处负责人。

当时新疆的地方军阀盛世才伪装进步，用这种手段来骗取苏联的援助和中国共产党的支持。中国共产党从抗日的大局出发，应盛世才的邀请，自 1937 年起，陆续派出一批干部到新疆工作，帮助盛世才制定“反帝、亲苏、民平、谨廉、和平、建设”的六大政策，使新疆的政治日益走向正规，经济文化建设得到较大的改善。

随着国内外形势的巨变，盛世才逐渐褪去伪装的外壳，露出反动的真面目。他不断制造事端，恶化中国共产党和苏联的关系。就在这种恶劣的政治环境下，陈潭秋扛起肩上的重担，根据中共中央关于“坚持抗战，反对投降；坚持团结，反对分裂；坚持进步，反对倒退”的方针，与盛世才进行艰苦卓绝的斗争。

为了工作的方便，陈潭秋化名为“徐杰”。他首先重点抓“新兵营”的军事训练，给战士们上政治课、党课，讲党的历史，提高他们的军事技能和政治觉悟。到1940年初，在陈谭秋的周密安排下，“新兵营”300多名指战员安全返回延安。这些人大都是西路军保存下来的身经百战的红军战士，到延安后立即奔赴各抗日前线，为前线充实了指挥人才和战斗力量。同时，陈潭秋非常注意健全党的组织生活，把分散在新疆各地的党员按地区成立党小组，加强对党员的思想教育和时事教育，增强党员的凝聚力和战斗力。

在维护抗日民族统一战线问题上，陈潭秋与盛世才进行了有理有据的斗争。他把《新疆日报》作为宣传马克思主义、宣传中国共产党

◎图为新疆、甘肃交界的星星峡——“新兵营”所在地

◎图为"新兵营"部分战士合影

抗日民族统一战线政策的阵地。同时，陈潭秋还采用大量新华社和塔斯社的电讯稿，指出只有团结抗日才有出路。

《新疆日报》经常刊登毛泽东、朱德等中共领导人揭露国民党反动派发动反共高潮的文章，并且陈潭秋自己也亲自撰写重要的文章和社论，对盛世才制造的反共反苏阴谋给予坚决的揭露和批判。"皖南事变"发生后，为敲山震虎，陈潭秋起草了抗议国民党反共的通电，迫使盛世才同意在《新疆日报》上发表。

被封的死讯

1941 年，苏德战争爆发，苏联初战不利，大片国土沦入纳粹德国之手。日本关东军也蠢蠢欲动，多次在中国东北、内蒙的中苏边界向苏军挑衅，此时的盛世才感到苏联危在旦夕，觉得不能再依靠苏联了。国民党在国内又掀起反共高潮。因此，政治赌棍盛世才认为中共也不行了。

蒋介石派代表到新疆活动之时，盛世才与蒋介石的勾结公开化。为此陈潭秋致电中央，请求撤出共产党在新疆的全体同志，并配合党中央的整风运动，在新疆也开始整风学习。

考虑到随时有被捕的危险，陈潭秋在党内的整风运动中特别注重对党员进行革命气节的教育，鼓励大家学习国际共产主义战士季米特洛夫在敌人法庭上大义凛然的英雄气概，学习夏明翰烈士追求真理、宁死不屈的献身精神，学习文天祥碧血书汗青的浩然正气，坚定了同志们的革命信念。

1942年8月8日，党中央复电陈潭秋，同意在新疆工作的党员全部撤退。因时局所迫，回延安的道路已被敌人堵截，陈潭秋与大家商量，要所有人员分三批先撤到苏联。第一批是航空队飞行员；第二批是残疾人及一些家属孩子；第三批才是驻新工作人员。

当时就有人提出让陈潭秋第一批撤离，可陈潭秋坚决地说："党交给我的任务，是把大家全部撤走，只要这里还有一个同志在，我就不能走！"有人问，要是撤不出去呢？陈潭秋大义凛然道："盛世才要逮捕人时，我去！"那时，他已下定决心牺牲自己。

1942年9月，盛世才派军警包围了中国共产党集中驻地八户梁。军警们以"督办请讲话"为由，将陈潭秋、毛泽民等五人"请"去。

1943年2月7日，陈潭秋被投入监狱。狱中，盛世才对陈潭秋使尽"坐飞机"、"压大杠"、"灌辣椒水"等酷刑，逼他招认子虚乌有的"共产党四一二阴谋暴动"案。陈潭秋坚贞不屈，断然予以否认。他历举中国共产党帮助新疆发展经济，革弊布新所取得的巨大成就，痛斥盛世才投靠蒋介石卖友求荣，祸害新疆的叛徒行径，令敌人无计可施。

9月27日，陈潭秋、毛泽民、林基路被盛世才秘密杀害。由于消息隔绝，在中共七大上，陈潭秋仍被选为中央委员。

当狱中的同志们得知陈潭秋等遇害的噩耗时，悲痛万分。他们在狱中党组织的领导下，为烈士举行了追悼会，并集体创作了一首《追悼歌》：

◎陈潭秋烈士墓

我们的兄弟，
在前方为国把命拼。

我们全部的力量，
正在消灭民族敌人。
我们光荣的同志，
谁想得到在抗战辽远的大后方，
还有丧心病狂的败类，
含血喷人，
暗害了你们宝贵的生命！
你们临死不屈的意志，
将永远活在千万人的心中！
瞑目吧！
光荣的同志！
你们的英名，
将永垂不朽！
他鼓励着后继者的我们，
向黑暗作英勇的斗争！
瞑目吧，
光荣的同志！
你们的牺牲，
揭露了民族败类的无耻！
你们的血迹，
更显出了八路军伟大的精神！
瞑目吧，
徐杰同志！（徐杰，系陈潭秋同志的化名。）
周彬同志！（周彬，系毛泽民的化名。）
林基路同志！

宁死不苟活——罗亦农

慷慨登车去，

相期一节全。

残躯何足惜，

大敌正当前。

——罗亦农临刑前写下的《绝命诗》

◎罗亦农

罗亦农（1902～1928），又名善扬，字慎斋，湖南湘潭人。中国共产党早期重要领导人之一。1928年在上海被捕牺牲。

上海遇伯乐

罗亦农家境殷实，7岁时，跟着哥哥去私塾读书。那时候，他最钟情于听一些惩恶扬善的英雄人物的故事。11岁，他到湘潭下摄司向家塘郭月钦那里读书。郭月钦先生是一个饱读诗书、思想开明的人。因此，罗亦农很仰慕他。罗亦农在校用功读书，学到不少知识与新理念。有一次，他竟往自家门前贴了一副对联：“存得天良，蒙庆受富；放开眼界，创业成家。”以此来讽刺父亲为商的苛刻。

1916年，年满14岁的罗亦农，考入由美国人创办的教会学校——

◎罗亦农故居遗址

湘潭益智学校。在校期间，罗亦农不惜违反校规，出来参加反日游行活动。1917 年，罗亦农坚决离开了益智学校。

17 岁的罗亦农不顾家人反对，带着求学的心，来到上海，进入一所中学念书。后因父亲断了生活费，就来到一家小报馆当校对工人。在报馆里，罗亦农看了很多书籍，有经济、哲学、自然和宣传马克思主义的《新青年》、《劳动界》等书籍。当罗亦农得知《新青年》是陈独秀办的后，一直想登门拜访。经多方打听，终于打听到陈独秀的住址——老渔阳里 2 号。多次拜访之后，两人聊得很投机。于是，陈独秀介绍罗亦农参加工读互助团的活动。

1920 年，罗亦农进入上海中国共产党早期组织创办的外国语学社，学习俄语。同年 8 月，中国社会主义青年团正式成立后，罗亦农与刘少奇等人一同加入了社会主义青年团。

1921 年，经陈独秀推荐，罗亦农被派去莫斯科的东方大学学习。同年冬天，罗亦农转为中国共产党党员，并被推选为中共旅莫斯科支部书记。

传播革命思想

1923 年初，因罗亦农的俄语基础好，在东方大学担任了大学中国语言组的书记，兼翻译和为中国班讲授唯物论。很快，罗亦农的房间成了大家学习讨论俄语和社会科学的地方。

1925 年 3 月，罗亦农回国，随即被派往广州参与全国第二次劳动大会的筹备工作。

同年 10 月，罗亦农以广东代表身份出席了中共中央在北京召开的扩大会议。会后，他在北京停留了 3 个月，主持北方区委党校工作，为党校培养了一批精英干部。

1926 年 1 月，罗亦农结束了党校工作，来到上海，担任江浙区委书记。这一时期，正是白色恐怖泛滥时期。罗亦农通过调查与研究，指出必须要从工人这里展开经济罢工，才能更好地进行武装起义。

8 月，江浙区委根据中央军委的指示，开始组织上海军事委员会，准备直接领导上海工人武装起义。因北伐军队逐渐向江浙靠近，罗亦农和其他同志在 1926 年 10 月 24 日和 1927 年 2 月 2 日，分别领导了两次武装起义，但均未成功。

越难越“坚”

对于第三次的武装起义，罗亦农煞费苦心。面对前两次的失败起义，同志们展开争论，出现了两种不同的声音。一种认为，在现有的军事技术条件下，要想在帝国主义者和反动军阀统治的军事政治中心取得武装起义的成功是不可能的。还有一种声音则认为，北伐军已逼近上海，军阀政府垮台指日可待，举行武装起义似乎没有必要。这两种声音的基本意思是一致的——不支持再搞武装起义。

大家议论纷纷的时候，赵世炎同志站出来说：“蒋介石根本是反动的，我们要当心。现在我们欢迎他们，他们以后可能会掉过头来打我们。”罗亦农接着说，“所以，我们一定要有工人自己的武装，不然，将来就有吃国民党子弹的危险。”在大家做了认真的商讨之后，准备开展第三次武装起义，并成立了以周恩来、罗亦农、赵世炎、汪寿华等八人组成的特别委员会，指挥起义，随即又成立了以周恩来为首的特别军委。

1927 年 3 月 21 日，北伐军先头部队已经接近了上海近郊，上海守军军心动摇。大家一致认为，现在是最好的进攻时间。因此，特别委员会按照原定计划执行。当天中午 12 点整，上海市总工会发布全市总同盟罢工，全市 80 万工人实现总罢工并立即转入武装起义。在武装起义的战场上，周恩来、罗亦农等人沉着应战。最终，在历时 30 个小时的浴血奋战之后，占领了上海，取得了第三次工人武装革命的胜利。

第三次武装起义，共歼灭了 3000 多名北洋军和 2000 多名武装警察，并缴获了 5000 多支枪械。随即，在上海成立了上海临时市政府。这次的胜利，不仅打击了帝国主义和军阀政府的反动政治，也反应了中国工人阶级力量的伟大与顽强的战斗精神，鼓舞了广大革命者的士气。

红色风暴

蒋介石发动四·一二反革命政变之后，罗亦农根据党中央的指示撤离了上海，担任中共江西区执行委员会书记。接着又代表了江西区，参加了在武汉召开的中国共产党第五次全国代表大会。大会上，罗亦

◎罗亦农雕像

农被选为中央委员。

中共五大后，罗亦农担任中共江西省委书记，并赴往南昌就职。回到南昌后，罗亦农开始整顿党、团组织。并要求，所有的共产党员、共青团员有着良好的应战能力和坚定的立场，一定要和工人群众站在一起。1927 年 5 月底，罗亦农来九江地区检查工作时，很负责地对当地的同志说："这里地处战略要冲，工作非常重要，要求就应当更高更严。"

罗亦农为了生动形象地鼓励同志们，曾做过一个比喻：登庐山要敢于攀登悬崖峭壁。这喻指：革命的路途是艰难的，要在最艰苦的情形下坚持住，只有坚持下去才能看到山峰上的美景，取得最后的胜利。

在罗亦农的努力下，江西省党、团组织已对反动派的袭击做足了思想上和组织上的工作。不出罗亦农所料，1927 年 6 月 6 日驻江西省北伐军第三军队朱培德，以"参与不良分子"为由，搜查了总工会、农协会等学联会。罗亦农见此状，并没有慌张，而将这一情况及时汇报给中央，并组织全体党员一定要坚持，不少同志转入地下党继续工作。

7 月，罗亦农被调任中共湖北省委书记，参加了具有重大意义的"八七会议"。大会上重新确定了土地革命与武装反抗国民党反动派屠杀政策的总方针，号召党和人民继续坚持战斗，开始了中国共产党历史上的重大转折点。罗亦农被选为临时中央政治局委员。

罗亦农为了落实党的总方针，对"湖北省秋收暴动计划"做了详

细的安排，对周边的粤南、粤东、武汉等7个地区进行了农民暴动的安排。1927年9月初，罗亦农亲自指挥粤南暴动。由于粤南暴动的成功执行，周边的红色风暴一发不可收拾，燃起了工农武装暴动的熊熊烈火。同年9月中共中央迁往上海后，任命罗亦农为中共中央长江局书记，主要负责领导湖北、江西、四川、安徽、陕西等省的工农革命暴动与党务工作。

坚定的信念

1927年11月，在上海召开的中央政治局的扩大会议上，罗亦农被选为中央政治局委员、常务委员。随即，又被任为中央组织局主任。在罗亦农离开武汉前往上海的时候，帝国主义和国民党反动派，悬赏万元抓捕罗亦农。不管是叛徒还是特务几乎都在找他，但罗亦农一点都不害怕，因为他早已将自己的生死置之度外了。

1928年2月，党中央派罗亦农去湖南、湖北视察农民运动的情况。当罗亦农掌握到大量的资料后，于4月初回到上海。4月15日，罗亦农来到英租界戈登路望志里的办公地点，等待山东的同志商讨工作时，从外面冲进来一群巡捕，巡捕的头目是英国特务洛克。原来，罗亦农已被掩护办公室的何家兴夫妇出卖了。英国特务洛克与叛徒说了几句话之后，突然用枪指着罗亦农说："你是罗亦农，我已经注意你两三年了，跟我们走吧!"罗亦农心似明镜，很清楚敌人要抓的是自己，为了不让山东的同志受牵连，他很坦然地走出大门。

4月16日一大早，报纸上面刊登出罗亦农被捕的消息。国民党反动派一边向蒋介石汇报情况，一边严刑逼问罗亦农。一连审问了三天，都没有问出一点东西。情急之下，蒋介石于4月20日发布了将罗亦农处决的命令。第二天一大早，罗亦农穿戴整齐，走向上海龙华刑场，

◎龙华烈士雕塑

英勇就义。牺牲时，年仅26岁。多么鲜活的生命啊！为了自己的信仰，为了党和人民献出了自己宝贵的生命。

事实上，罗亦农被捕后，党组织试图派中央特科去营救，最终没能成功。罗亦农在临刑前，曾秘密书写了一份家书，上面写着："学我之所学，以慰我。"由此看出，罗亦农对革命事业是坚定的。

《布尔什维克》第二十期杂志的头版头条《悼罗亦农同志》，内容为："亦农同志被害了，中国无产阶级失去了一位最热烈的领袖，中国共产党失去了一位最英勇的战士。""罗亦农同志的热烈的革命精神，可为中国共产党全党党员的楷模。反动派吴稚晖等提起罗亦农三字为之齿颤，他的死是莫大的损失！"

悲情——周文雍和陈铁军

我们要举行婚礼了，让反动派的枪声来作为我们结婚的礼炮吧！

——周文雍、陈铁军

周文雍（1905～1928），男，广东开平人，中国无产阶级革命家。曾任广州赤卫队总队总指挥、广州苏维埃政府人民劳动委员、中共广东省委工人部长。

陈铁军（1904～1928），女，原名陈燮君，广东佛山人，求学期间，为追求进步，铁心跟党走，她将燮君改为铁军。曾任中共广州市委组织部长兼市委工委书记。

◎周文雍与陈铁军夫妇

刑场——他们“婚礼的殿堂”

夜深了，嗖嗖的冷风往监狱里灌。周文雍被吹醒了，遍体鳞伤的他，全身满是血痂。迷糊之中，他缓缓地睁开了双眼，此时此刻，往事犹如潮水般浮现在他的眼前。尽管在这种恶劣的情况之下，他的潜意识里，仍然想着党。他多么希望能向党证实自己坚贞不屈的决心啊！他试图起身，一个踉跄后，稳了稳脚，顽强地站了起来，蹒跚地走了几步后，从地上拿捡起敌人留给他写“自由书”的笔墨，借着昏暗的灯光，用尽全身力气在墙上写下：

头可断，肢可折，
革命精神不可灭。
壮士头颅为党落，
好汉身躯为群裂。

血，从被竹签撕裂的手指上涌出来，洒在墙上，染红了这气壮山河的诗篇。

早春天气，红花岗前，木棉树高大挺拔，已是花蕾满枝了。这悲壮的花色也好像等着为烈士们送行。

囚车来了，周文雍、陈铁军昂首挺胸，步履坚定地走上层层黄土的红花岗。在这生命的最后时刻，他们尽情地呼吸着祖国的新鲜空气，态度十分从容、淡定。这时，陈铁军将自己的围巾取下来，披在身受重伤的周文雍身上，眼含深情地望着他。

陈铁军环视了一下周围的群众，激动地说：“亲爱的同胞们，姐妹们！我和周文雍同志的血就要洒在这里了。为了革命，为了救国救民，为了共产主义伟大事业而牺牲，我们一点也没有感到遗憾。同胞们，过去为了革命的需要，党派我和周文雍同志同住一个机关。我们工作得很好，两人的感情也很深。但是，为了服从革命的利益，我们还顾不得来谈私人的爱情。因此，我们一直是保持着纯洁的同志关系，还没有结婚。今天，我要向大家宣布：当我们把自己的青春和生命都献给党的时候，我们就要举行婚礼了。让反动派的枪声，来作为我们结婚礼炮吧！同胞们，同志们，永别了！望你们勇敢地战斗！共产主义一定会胜利，未来是属于你们的！”

陈铁军讲完，走到青松般挺立着的周文雍身边，将带着自己最深沉的爱的吻送给周文雍……接着，两个人又同呼革命口号：“同志们革命到底！打倒帝国主义！打倒国民党反动派！中国共产党万岁！”

枪声响起，他们面带微笑地倒下了，幸福地死在爱人的怀抱之中。可是，他们对革命事业的赤胆忠心，这真挚而纯洁的爱情，这奇特而动人的婚礼，却时刻萦绕在人们心中，激励着同志们前进。

妇女工作的男负责人

周文雍出生于贫穷知识分子家庭，初小结业后，由于家穷，被迫辍学。但是，他人穷志不短。他不愿意做失学、失业的流浪者。后来，经亲朋介绍，到茅冈圩一间杂货铺当学徒。他每天劳动十几个小时，他的努力仍然满足不了老板的贪婪，仍嫌他做工不顺心，经常打骂他。他打心眼里憎恨那些骑在劳动人民头上的剥削者，更瞧不起那些不劳而获的寄生虫。

在店里做工期间或回到家里劳动时，即使工作再累，周文雍也会在收工后，把读过的书籍加以复习，又或借书来看，刻苦自学。他的这种勤奋求学的精神，使亲戚、朋友、童年时代的老师都很受感动。在亲戚、朋友和老师的帮助下，他得以继续求学，一直到高小结业。

1922年，他进入广东省立第一甲种工业专科学校机械科学习。工专是个有革命传统的学校，五四运动期间，曾涌现出许多群众领袖。周文雍在这里接受了革命思想，积极参加各种革命活动，努力学习马列主义理论，思想上有了很大的进步。1923年，周文雍参加了中国共产主义青年团，不久，又当选为甲种工业学校共青团支部书记、学生会会长。当时，妇女工作由共青团负责，周文雍同志兼做妇女工作，就这样，他与陈铁军相识了。

一天，陈铁军经人介绍，到妇女解放协会去办事。她走进办公室，发现只有一位男青年在那里埋头写字，便惶惑起来，准备退出去。她的神情和疑惑被青年犀利的目光发现了，他微笑着说："怎么，难道只有妇女才管妇女工作？"

"那么，你是……"姑娘试探着问。

"我叫周文雍。"那青年爽朗地回答。

噢，他就是周文雍！姑娘没有想到在这里竟意外地遇到了这位早已倾慕的人物。她由衷地感到高兴，主动地告诉他："我叫陈燮君，沙基惨案后改了名字，现在叫陈铁军，钢铁的铁，军人的军。"很显然，周文雍受到了她话语的感染，兴奋地说："改得好！我们大家都要用钢铁的意志参加革命！"

1924年，周文雍受共青团的派遣，到广州人力车工人工会协助工作。他积极深入工人群众，关心工人疾苦。他看到人力车工人们白天劳累一天，夜间许多人却无处住宿，睡在人力车上或骑楼下。于是他奔走呼吁，募捐了一些钱为人力车工人修建了一幢可住一百多人的宿舍。在他的努力下，很快成立了广州人力车工人俱乐部，把人力车工人紧紧地团结在共产党的周围，成为广州工人中一支坚强的力量。1925年6月，省港大罢工爆发了。党组织派周文雍去参与领导这次斗争，他被选为省港大罢工委员会委员。同年，周文雍参加了中国共产党。

周文雍的革命活动引起了反动派的恐慌。他们勾结甲种工业学校校领导，无理地强行开除了周文雍的学籍。此后，周文雍便把全部精力投入革命的斗争中。他先后在兵工厂、金属业工会等处开展工作。他还把工人家属组织起来学文化，把孩子们组织成劳动童子团，协助工会工作。由于他深入群众，工作又做得到位，很快就成了工人们的知心朋友。1926年初，周文雍到"新学生社"负责团的工作，参加了中共广东区委工人运动委员会工作，并担任书记。

铁心跟党走

陈铁军生于归侨富商之家，幼年时在家乡桂华小学读书，后来冲破封建婚姻的束缚，离开家庭前往广州求学。1922 年，她进入坤维女子中学学习。她和坤维女子中学的一些先进青年阅读了不少宣传民主革命思想的书籍，思想不断进步。当时，她的老师谭天度，给了她们极大的帮助和教育。谭天度经常给她们讲解革命道理，介绍中国共产党的纲领和政策，向她们推荐阅读《向导》、《新青年》和《政治周报》等刊物，还组织她们讨论社会问题。

1924 年秋，陈铁军在坤维女子中学读完初中后，考入中山大学的预科学习。这一时期，她积极要求进步，努力学习革命理论，参加党领导的各项社会活动。

1925 年五卅惨案以后，陈铁军和同学们一起冲出校门，参加了 6 月 23 日举行的支援五卅运动大示威游行。当时，队伍经过沙基路，沙面租界的英法军队，竟残酷地向游行队伍开枪射击，造成了一场流血惨案。在这次事件后，陈燮君感受到工农群众的伟大力量，也亲眼看见帝国主义的狰狞面目。血的事实教育了她，妇女要真正解放，人类要得到真正的幸福，只有在共产党的领导下进行斗争才能实现。之后，她把名字改为陈铁军。

1926 年 4 月，陈铁军光荣地参加了中国共产党。入党后，陈铁军工作变得更繁忙，一面继续读书，一面从事学生工作和妇女工作。她先后担任中共中山大学支部委员、中共两广区委妇女委员、广东妇女解放协会的秘书长。

1926 年至 1927 年间，陈铁军负责举办了为农村培养妇女骨干的“妇女干部训练班”，曾邀请周恩来和邓颖超给妇女干部作报告。她认

◎五卅惨案一角

真学习毛泽东关于开展农民运动的报告和文章，热情地鼓励参加训练班的妇女同志到农村去。为了更好地接近劳动妇女，她脱下白衣黑裙的学生装，穿上大襟衫、阔脚裤。她一到工人家里，就帮忙做家务，了解职工的生活情况，帮助解决困难。妇女们都把她当做“贴心姐妹”。她说：我们什么时候也不能忘记工人和农民，妇女运动如果没有女工、农妇来参加，就没有力量，反帝反封建的国民运动就不会成功。

1927 年 4 月 12 日，蒋介石背叛革命，在上海屠杀共产党员和革命群众。4 月 15 日，广东的国民党反动派也开始大屠杀，派大批军警包围了中山大学，搜捕进步师生。当时，陈铁军正在学生宿舍休息，幸好得到常驻广东妇女解放协会机关的中共党员、中山大学女工沈卓清报信，才脱离虎口。

陈铁军脱险后，为了解救更多的同志，她冒着危险四处寻找同志。当得知中共广东区委妇委负责人邓颖超，因难产在长寿路一家医院住

院就医时，陈铁军不顾个人安危，马上化装成“贵妇人”，由沈卓清乔装成佣人，机智地绕过敌人的岗哨，来到医院探望邓颖超。她们向邓颖超报告了外面发生的情况，并转达了党组织要邓颖超同志立即离开广州的决定。在医院院长的掩护下，陈铁军两人将邓颖超安全转移到香港。邓颖超后来回忆起这件事时说：若不是陈铁军冒着极大危险及时通知并送走她，后果将不堪设想。

共同革命

反动派的血腥大屠杀，使党的组织遭到严重破坏，整个广东笼罩在白色恐怖之下，党和工会的工作由公开转入地下秘密活动。为了开展地下活动，党组织指示陈铁军协助周文雍同志，要他们对外以“夫妻”名义建立联络机关。陈铁军妹妹陈铁儿也同他们住在一起，为他们作掩护工作。这时的周文雍已是深得工人爱戴的领导人之一。党组织这次让周文雍留下来，是让他担任工人赤卫队的总指挥，准备广州起义。

在一次游行中，周文雍同 30 多名工人被捕了，被关押在公安局。为了营救他，陈铁军和工人们共同筹划了劫狱计划。公安局戒备森严，劫狱非常困难，而且只能智取，不能硬拼。陈铁军他们终于想出一条巧计，并和狱中的周文雍取得联系。按照计划，由狱外送进用生姜、辣椒煎炒的食物，让受重伤的周文雍食用。周文雍吃后很快地发起高烧来，他便借机不停地高声呻吟。狱中其他同志趁机向狱吏提出抗议，要求让周文雍住院治病。敌人很想从周文雍口中获得共产党的秘密，害怕周文雍死去，只得将他送往市立医院。敌人担心出意外，在医院大门口专门设了一个警哨，加强守卫。中午 12 点，当警卫换班时，党组织派一位同志扮作探病者的模样接近哨位，突然用手枪对准哨兵，解除了他的武装。预先埋伏在附近的同志立即冲进医院，将周文雍用

◎"广州起义"雕塑

白被单裹住，背到大门口，再由一辆小汽车拉往沙河。周文雍成功脱险后立即投入紧张的广州起义的准备工作中。

12 月 11 日凌晨 3 时 30 分，广州起义爆发。天亮后，起义军已占领了珠江以北大部分市区。当天上午，在市公安局成立了广州苏维埃政府。陈铁军看见由她们亲手制作的红旗在广州上空迎风飘扬，心情非常激动。她带领一批女同志，协助起义军，把缴获的敌人枪支，分发给前来领枪的新战士；给起义军、工人赤卫队分送面包、饼干和茶水；看护受伤的革命士兵和工人。

然而，共产党人和革命群众费尽心血发动起来的广州起义，却在帝国主义和国内反动派的残酷镇压下失败了。周文雍亲自带领着一批赤卫队员，在掩护其他部队撤离后，杀出一条血路，突破重围，撤出广州。后来，他和陈铁军姐妹都到了广东省委所在地香港。

为了重建广州市委，省委准备调一位政治水平较高、有勇将谋、有群众威信而对广州情况又比较熟悉的同志回到广州，重建地下机关，开展革命活动。中共广东省委决定派周文雍重返广州，并派陈铁军重回广州继续协助周文雍开展工作；仍由陈铁儿担任交通员，同驻秘密机关。

陈铁军扮成雍容华贵的“金山少奶奶”，在广州拱日路租了一间洋房住下，迎接打扮成从美国归来的“金山阔少”周文雍回到广州。根据中共广东省委的指示，1928 年春节期间在广州要发动一次政治攻势，叫做“春季骚动”。即在广州的公共场所、繁华街道，散发革命传单，告诉广州人民群众，广州起义虽然失败了，但革命并没完结，共产党仍然存在，号召人民团结在党的周围，继续战斗。

掩护战友相继被捕

1928 年春，一天，周文雍外出工作，陈铁军在家中等他回来吃饭。突然，党组织派人前来通知陈铁军，由于叛徒出卖，党的秘密机关已经暴露，情况十分危急，要她马上转移。如果此时陈铁军转移的话，

◎广州起义烈士陵园

◎周文雍和陈铁军夫妇雕像

还是来得及的。但她考虑到这天有人要来接头，外出的周文雍还没有回来，便决定暂且停留，以便做好不让同志们前来的暗号。这时敌人闯了进来，凶狠地对陈铁军进行搜查盘问。她镇静地对付着敌人，心里却十分担心周文雍和别的同志。不幸的是，周文雍一脚踏进屋来。他们一起被捕了。

反动派欣喜若狂，想从他们嘴里得到共产党地下组织的情况，于是由公安局的头子亲自出面审问他们，对他们使用了“吊飞机”、“老虎凳”、“插指心”等酷刑。可是，这些惨无人道的酷刑，丝毫没有动摇两位革命战士的意志。敌人看一计不成，又生一计。陈铁军又被安排到一间华丽的屋子里，那里准备了丰盛的食物。很显然，这是敌人企图软化她，要她在“自首书”上签字。可敌人盼来的却是陈铁军的绝食和严词拒绝。敌人又用死来威胁周文雍，周文雍大义凛然地回答：“死，并不能吓倒共产党人。当然，我很想活，因为活着就可以和你们作斗争!”敌人恼羞成怒，便对陈铁军和周文雍下了毒手。

当周文雍和陈铁军得知被判处死刑时，神态自若。法官问周文雍死前还有什么要求时，周文雍说，要和妻子陈映萍（陈铁军的化名）合影。于是敌人把摄影师带到监狱中，为周文雍和陈铁军拍下了那张著名的狱中结婚照。

周文雍与陈铁军光荣地牺牲了，但他们对党坚定不移的忠诚和他们坚贞不渝的爱情永远受到世人的敬仰。

“明灯一盏照人间”——赵世炎

龙华授首见丹心，浩气如虹铄古今。
千树桃花凝赤血，工人万代仰施英。
——吴玉章缅怀赵世炎写的诗

赵世炎（1901～1927），字琴生，号国富，笔名施英。四川酉阳（现重庆）人。中国共产党早期无产阶级革命家、马克思主义理论传播者、工人运动领袖、上海工人三次武装起义的主要领导人之一。

◎赵世炎

革命从小抓

1929年7月19日的早上，整个上海都被笼罩在“白色恐怖”之下。一位年轻的共产党员，拖着沉重的脚镣走在上海枫林桥边的荒地上。刽子手挥起屠刀，向他砍来，只见他突然跳起来大声地喊道：“打倒新军阀蒋介石！”“工农兵联合起来！”“中国共产党万岁！”他的鲜血挥洒在这片他热爱的土地上。他就是赵世炎，中国共产党的早期领导干部之一。赵世炎英勇就义的消息很快传遍全国，甚至传到了法国和苏联。

赵世炎出生在一个地主兼商业主的家庭中。他的父亲很注重对子

◎赵世炎同志故居

女的教育，很早就请来优秀的家庭教师教孩子们学习。赵世炎的二哥赵世珏接触了早期孙中山领导的同盟会，积极向自己的弟（赵世炎）妹（赵君陶）灌输反帝反封建的革命思想。二哥对赵世炎的影响极大，他为了效仿二哥，跟着把辫子剪了。

1912 年，赵世炎进入高龙潭镇高级小学就读。入校后，他深受爱国教师王勃山的影响。因此，在赵世炎的心中，从小就下定了决心——拯救中华民族。1914 年，赵世炎考上了北京的高等师范附中。在校期间，他不仅做好每门功课，还积极参加课外活动，生活上勤俭节约，常把省下的钱捐给生活困难的同学。

1915 年 8 月，赵世炎考入了北京高等师范学校附属中学。在校内，赵世炎的功课门门优秀，英语成绩尤为优异。有一次，赵世炎为一名外国人担当翻译，他突出的表现赢得了在场所有人的掌声。赵世炎曾在陈独秀主办的《新青年》中发表过多篇文章，在《三代非专制辩》一文中，他尖锐地指出袁世凯复辟帝制的阵势动机，呼吁更多的人民加入到民主与科学的队伍之中。

思想升级

1917年，赵世炎结识了革命的先驱李大钊。自此之后，在李大钊的带动之下，赵世炎原有的爱国主义和民主主义思想得到了升级，有了更高的觉悟。

1919年，伟大的五四爱国运动爆发，整个北京城，顿时沸沸扬扬，到处都在宣言爱国的口号。赵世炎参加了这场运动，同年5月7日，赵世炎被选为干事长。运动中，赵世炎处理问题有条有理，对于一些学生提出的问题他总能回答得很精彩。因此，大家对赵世炎的指示都是心服口服。

7月，赵世炎毕业了。没过多久，他模仿李大钊创办“中国少年学会”的模式，在附中组织了“少年学会”，接着又创办了《少年》半月刊。在赵世炎的文章中，他极力反对封建伦理思想，并告知大家最好的学习方式就是半工半读，希望大家摒弃“好逸之思想”等。

这年秋天，赵世炎进入吴玉章在北京创办的法文专修馆。每天，在他学习之外的时间，还创办《工读》半月刊和《平民》周刊。特别是在《工读》周刊里面指出中国社会坏透了，不图解救不可能长久，而解救之道只能是社会主义。因为只有社会主义才是最公平的，不分穷富，无国界，没有军阀。这些都是赵世炎日积月累，逐渐摸索到的真理。

大学期间，赵世炎一直忙于工作和学习，常在法文专修馆学生会的办公室的桌子上睡觉。有时，他很乐观地说：“饭蔬食饮水，曲肱而枕之，乐亦在其中矣!”

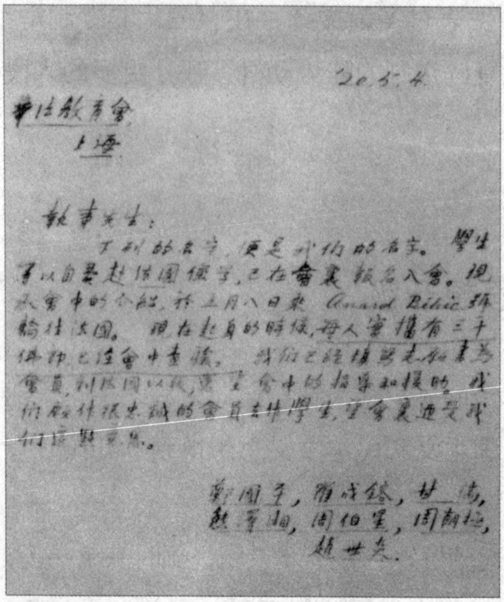

20.5.4

華法教育會
上海

執事先生：

下列的名字，便是我们的名字。學生等以自费赴法国俭学，已在會裏報名入會。現承會中的介紹，於五月八日乘 Amand Béhic 號輪往法国。現在起身的時候，每人實攜有三千佛郎，已経會中查核。我们已經填写志願書為會員，到法国以後，還望會中的指導和提助。我们願作很忠誠的會員去替學生，望會裏通告我们应辦事宜。

[illegible]，[illegible]，甘浩，
熊季湘，周伯兴，周朝枢，
赵世炎。

◎1920 年 5 月 4 日，赵世炎写给上海华法教育会的信

1919 年冬，赵世炎一家从老家搬至北京。赵世炎每回一次家，就会给家人带几本思想进步的书籍。赵世炎的反封建是彻底的，不仅思想上如此，行动上更是如此。由于受到赵世炎的影响，赵家的众多兄弟姐妹都参加到革命工作中来，其中姐姐赵世兰、妹妹赵君陶都成为中国共产党早期著名的妇女活动家。

赴法学习

1920 年 4 月，赵世炎毕业于北京法文专修馆。同年 5 月 9 日，赵世炎登上了去往法国的“阿芒贝利”号。几经周折，于同年 6 月抵达巴黎。刚到巴黎的前三个月，他进入了巴黎西郊工业区弗克鲁的一家铁厂工作。因他不懂技术，只能干些简单的杂货。之后，他前后经历了数次的失业与贫困。在这么恶劣的条件下，一点也没有阻止他学习的心。他每天都坚持学习《资本论》、《人道报》三个小时。有时，他

◎1920 年 5 月 9 日，赵世炎(第三台阶右 1)到达马赛后的留影

◎1920 年 10 月 10 日，在圣太华做工的赵世炎等中国勤工俭学生“双十节”留影

还利用星期天和工作的闲余时间，到周边找朋友一起讨论问题，积极地为国内的《少年》半月刊找到更有用的资料。赵世炎到法国后，本以为能看到和谐的、与中国不一样的法国，谁知法国的本质与当时中国社会一样黑暗腐败。他曾在给一位朋友的信中提及："盼望我们朋友务要从冷静处窥探人生，于千辛万苦中杀出一条血路。"通过与觉悟高的法国工人的交谈，赵世炎重新修订了勤工俭学的计划。

1921 年 4 月，赵世炎来到施乃德工厂工作，并与厂内的华工结下了深厚的友谊。当赵世炎了解到华工的不公的遭遇后，非常气愤。对此，他在给国内朋友的信中写道："此地工界朋友对我们感情太好，然后他们是不自由的身体实在令人心痛，我们为想建筑一切事业的根基，亦为想感情上建筑起信用起见，打算使这里边几个——大约五六人——优秀分子脱离陆军部的合同使他们身体得自由。"在赵世炎的努力之下，终于有小部分华工脱离陆军合同，有了人身自由。

赵世炎留法期间，不仅组织了华工俱乐部，还出版了自己的周报《华工周报》。报上主要用通俗易懂的话语，讲马克思主义思想，让工人们更容易理解。

1921 年 6 月，因北洋军阀向法国借款一事，引起了在法华人的诸多不满。对于此事，赵世炎、蔡和森、陈毅等人，组织在法留学生斥责北洋政府的卖国行为。直到同年 7 月，大家看到了《巴黎时报》上，中国的借款由原来的 3 亿变为 5 亿。北洋军阀的这一做法彻底激怒了大家。同年 8 月 13 日，由周恩来、赵世炎、蔡和森带领所有华侨在巴黎哲人厅召开"拒款大会"，成功签署了废除借款条的声明。

1921 年秋，为了争回在里昂兴办的一所中法大学，赵世炎、周恩来、蔡和森等人带领学生维护自己的权益。哪料，驻法使馆与法国政府相互勾结，不仅骗走了同学们的护照，还将同学们关起来。10 月 13 日他们把同学们遣送回国，赵世炎机智地逃出，前往华人最多的法国北部学习。

北部环境恶劣，生活艰苦，赵世炎在这片土地上不畏艰苦，坚持学习。赵世炎并未中断和同志们的联系，一直相互通信来往，一同商议共产主义青年团的问题。1922 年 6 月 3 日，赵世炎与李立三等人，在巴黎西郊成立了旅欧中国少年共产党，并由赵世炎担任书记的职位。同年秋天，经过胡志明的介绍，赵世炎与王若飞等人加入了法国共产党，成为国际党员。

报效祖国

1923 年 3 月 18 日，为了培养党的干部，准备为新中国的革命做准备，赵世炎、王若飞等人带领部分革命青年，前往莫斯科的东方大学学习。大学期间，赵世炎苦心研究马克思列宁主义，发现马克思主义与列宁主义是分不开的。于是，他把钻研的结果寄回国。经过了一系列的历练与学习，赵世炎已经变为一名成熟的共产主义战士。1924 年春，赵世炎参加了共产国际第五次代表大会。会后，因为国内急需大批干部，李大钊点名要赵世炎。赵世炎高兴地接受了邀请。

1924 年秋天，赵世炎回到了北京，先后担任北京地委书记和北方区执行委员会宣传部长兼职工运动委员会书记，并创办了《政治生活》周刊。主要宣传革命理论与反帝反封建的革命纲领。赵世炎的思维灵敏、见解独到，对于一些新出现的问题，他都能做出很好的回答，读者们也被他的文字所感染了，很受青年人的追捧与喜爱。赵世炎除了为《政治生活》写作外，还常去北大三院和秘密党校讲课。由于他在国外待过几年，看问题都比较全面，就算是举例也颇为新颖。就连李大钊都夸赵世炎“世炎脑子快，很多问题对我也很有启发。”

1925 年 5 月 30 日，赵世炎在得知上海爆发了五卅惨案。北京人民在中共北方区委的领导和赵世炎的组织下，马上开始寻求声援。6 月，赵世炎和北京市领导组织了好几场游行示威活动，参加的人数也是一

◎“五卅”惨案纪念大会

天比一天多。

赵世炎认为，“站在阶级争斗的出发点上，头一件事就是需要一个有铁的纪律的无产阶级政党”。对此，赵世炎也很重视对工农、女青年、少数民族的教育。在赵世炎的帮助下，一部分工农和女青年都纷纷加入中国共产党。除此之外，为了做好少数民族的革命教育，他与李大钊、邓中夏来到北京蒙藏专门学校，向少数民族讲述马克思主义。赵世炎把革命宣传工作做得面面俱到，做到了真正的“无产阶级政党”。经过了大家多方宣传，北京的党组织在短时间内增大了好几倍。

领导上海工人三次武装起义

1926 年 3 月，党在广州召开了第三次全国劳动代表大会。大会结束后，赵世炎被任为江浙区委兼上海区委组织部长和上海总工会党团书记。赵世炎一到上海，就深入上海的工人当中，了解工人的生活情况，给工人讲课，并在党的报刊《向导》上发表关于工人运动的文章，为迎接上海工人三次武装起义做足了准备。

7 月，正值上海工人大罢工高潮时期。北伐出师胜利的消息让整个罢工的热潮更加翻腾。赵世炎也做好了一系列的严防准备。

精心准备之后，1927 年 2 月 18 日，上海总工会发布命令，决定举行上海工人阶级总同盟罢工。罢工先后引起了上海防守司令与帝国主义的工部局的白色恐怖与血腥镇压。赵世炎在这个时候说："白色恐怖的屠杀，只有激起红色恐怖的革命。以恐怖答复恐怖，这便是革命的状态。"2 月 22 日下午，党决定把罢工转为武装起义，命令海军军舰炮击高昌庙兵工厂。遗憾的是，上海工人第二次武装起义失败了。

对于这次的失败，赵世炎并没有感到失望，反而觉得这次的起义意义非同小可。赵世炎认为"上海工人阶级已走到了为政权而战的战场上"。前两次的失败，给了人民更大的勇气举行第三次起义。

3 月 21 日，周恩来、赵世炎、罗亦农等人发动上海工人阶级举行了第三次武装起义。吸取了前两次失败的经验，上海工人阶级的革命情绪高涨，与敌人展开了激烈的战斗。战斗中赵世炎不怕牺牲，冲锋上阵，带领几千名工人，仅用了 150 条旧枪支歼灭了敌人 5000 多名。最终，历时 30 个小时的战斗，第三次武装革命取得了震惊全国的胜利。战后，赵世炎奋笔疾书写下"三月暴动在世界历史中的价值，是写在十月革命之后的一页。三月暴动在中国革命史中的位置，是确定

◎1927年3月中旬，上海工人举行第三次武装起义，图为起义的上海工人纠察队

中国革命的性质，保障中国革命的胜利，划分中国革命历史的一页新篇幅。”

4月12日，正当上海工人在欢庆胜利的时候，蒋介石发动了反革命政变。白色恐怖之下，赵世炎说：“共产党就是战斗的党，没有战斗就没有了党，党存在一天必须战斗一天，不愿意参加斗争，算什么共产党?”

4月27日，中共在武汉召开了第五次全国代表大会。大会中赵世炎被选为中央委员。5月9日，大会结束后，赵世炎又回到了白色恐怖的上海，坚持革命。

◎中共第五次全国代表大会旧址

一心为党

1927 年 6 月，由于遭到叛徒的出卖，陈延年——江苏省委书记、郭伯和——江苏省委组织部长、韩步先——江苏省委秘书长兼宣传部长，在上海恒丰不幸被捕。党中央随即委派赵世炎接任江苏省委书记，领导上海和江苏地区革命。

被捕后的韩步先背叛革命，不但供出了陈延年和郭伯和，还说出了赵世炎的家庭住址。敌人得知后很是兴奋，决定立即抓捕赵世炎。

当赵世炎得知同志被捕的消息后，心中焦虑不安。7 月 2 日，敌人闯进了赵世炎的家——北四川路志安坊 190 号。当天，赵世炎为了营救同志，冒雨跑回家拿经费，他万万没有想到，敌人已在他的家中埋

◎赵世炎烈士雕像

伏下了。赵世炎的妻子夏之栩看到丈夫冒雨跑回家，快速地把花盆从窗外推下。本想引起丈夫的注意，但雨声淹没了花盆的声响，赵世炎没有听到妻子的提醒，在推开家门的瞬间，敌人抓捕了他。

赵世炎被捕后，首先想到的并不是自己的安危，而是同志们的安危。赵世炎趁敌人搜查他房间的时候，偷偷告诉他妻子王若飞的地址，让她转告王若飞即刻转移。

敌人把赵世炎抓回监狱后，用尽各种酷刑逼供，但他坚决不承认自己的真实姓名。对此，敌人只好再审韩步先。叛徒死咬着，说他就是赵世炎。之后，上海总工会书记张保臣叛变，出面指认了赵世炎。面对两个叛徒的指认，赵世炎无所畏惧地承认了自己的身份，并怒斥敌人说："你们只能抓到我施英（赵世炎），要想从我口里得到半点机密，那是枉费心机！"

狱中的赵世炎危难当头，可他的心里想的还是党组织的工作。他曾托人从狱中带出纸条，希望党组织可以安排一下那些失业的工人兄弟们，说他们都是党的依靠力量，应当得到党的关怀。党在赵世炎的身份被揭穿前，进行过多方营救。在他身份暴露后，王若飞曾带人劫狱，但还是被敌人发现，未能成功。

赵世炎临刑前，曾写下遗书"一生为共产主义奋斗，为中国无产阶级事业斗争，为中国民族反帝反军阀的解放运动而努力！"可见，赵世炎对共产主义的信念是多么地坚定。

生死为革命——宣中华

还是收起你们的一套吧，我自从参加革命以来。早已许身于党，将生命置于度外。你们杀了我，无非只不过杀了一个宣中华，但千千万万革命者会起来杀你们的！中华今为革命而死，虽死无憾。

——宣中华

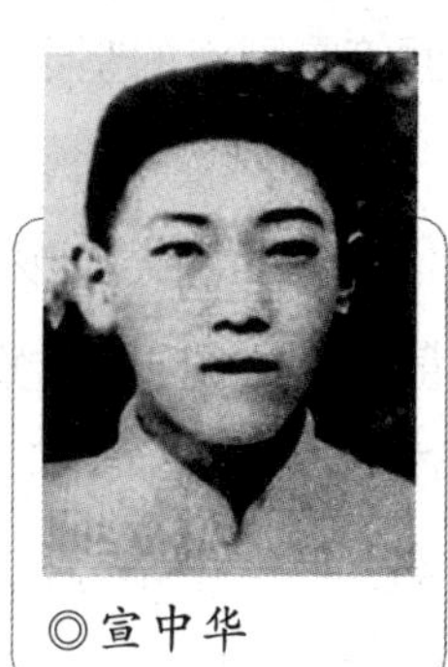
◎宣中华

宣中华（1989～1927），原名钟华，字广文，乳名红霖，笔名伊凡，浙江诸暨牌头中央宣村人。中国共产党在浙江早期领导人之一。

立场坚定

1924 年 1 月，宣中华经中共上海地方兼区执行委员会批准加入中国共产党。同时，作为跨党的浙江省国民党代表，宣中华出席在广州召开的国民党第一次全国代表大会，积极倡导国共合作。

孙中山过世后，浙江国民党组织分为左、右两派。左派代表是宣中华，主要拥护广大工农人民利益。右派代表是沈定一，主要是拥护地主、买办利益。周恩来曾对宣中华坚持左派给予高度评价，并将他与李大钊、董必武、陈潭秋、何叔衡等相提并论。

1925 年 7 月 5 日，沈定一召开“中国国民党临时浙江省执行委员会全体会议”，大会表面是“为发展全省党务，实施中央决议。”其实他们的真实目的是，排挤共产党人和国民党左派的省党部的领导地位。整个大会，沈定一大肆宣扬“单纯国民党运动、反对共产党员、青年团加入国民党”。对于他的言论，宣中华巧妙回答，坚持自己左派的立场。由于整个会议是戴季陶和沈定一控制，专横的沈定一剥夺了宣中华的发言权。有不少代表无法忍受沈定一的言论，中途退出会议。之后，沈定一在国民党“二大”上失利，阴谋未能得逞。

10 月，沈定一加入了“西山会议派”的反革命活动。有同志担心，宣中华是沈定一介绍入党的，害怕他们的关系不能断清楚。宣中华却说：“我是为革命和玄庐（沈定一）合作的，玄庐能劝我加入共产党，但绝不能拉我退出共产党，他敢反革命，我就同他干到底!”宣中华的回答是那么的坚定。

1926 年 1 月，在广州召开的国民党第二次全国代表大会上，宣中华把“西山会议派”的整个过程叙述下来。“二大”的会议决定，解散沈定一的国民党的右派组织和“西山会议派”，并将沈定一从中国共产党中开除。3 月，国民党浙江省第一次代表大会召开，改选了省党部，任宣中华为执行委员会常委兼宣传部部长。同时，中共中央任命宣中华为国民党浙江省党部的中共党团书记。

关国事，识真理

幼年的宣中华，家境并不富裕，但他父亲依然坚持供他上学读书。因此，宣中华小时候就受到了正规的教育。

1909 年，宣中华念完了小学之后，升入“同文公学”学习。1911 年，“辛亥革命”爆发后，清政府的封建统治被推翻。不幸的是，革

◎辛亥革命雕塑

命的果实被袁世凯窃取。袁世凯又开始了独裁专制。复辟帝制的丑恶行径导致人民再次陷入困苦之中。面对这样的社会现实，宣中华的内心充满了愤怒。他的愤怒并不是随便说说，而是用文章写出来，通过历史事件和英雄人物进行分析，以此来表达自己的爱国之情。老师对这些文章十分欣赏，并说宣中华是胸有大志的可造之材。

1915 年，宣中华考入浙江省立第一师范学校。在校期间，宣中华生活简朴，为人正直，同学们都很喜欢他。有的同学知道他家境困苦，想帮助他，都被他婉言谢绝了。宣中华很珍惜这次的求学机会，学习非常刻苦。学习之余，宣中华非常关注国家大事，时常与志同道合的同学一起讨论研究救国救民的真理。

在李大钊和陈独秀发起的新文化运动的影响之下，宣中华也加入到如何拯救中国的讨论之中。1915 年，随着五四运动的爆发，这股“热浪”向杭州袭来。宣中华义不容辞地加入了这支队伍，在校内外大力宣传新文化运动，反孔、反帝，倡导大家学习新思想。宣中华带领同学参加罢课，举行游行示威，成为了杭州学生爱国运动的领导人之一。

当新文化运动发展到高峰时期，遭到了浙江封建势力的抵制。“一师”中的先进教员，陈望道、刘大白等四位同志，遭到了浙江省军警的恐吓，扬言要用枪将其打死。反动势力企图用卑劣的手段来阻止新文化运动的前进。

“一师风潮”

1920 年 1 月，浙江政府撤除了浙江一师范校长经亨颐的职务，改换封建守旧专制的金布当校长。“一师”校内的学生对政府的裁决极度不满。作为学生代表的宣中华向省公署、省教育厅请愿，并向全国致电。宣中华的举动得到了全国各界、海外华侨的支持，引起了震惊全国的“一师风潮”。

“一师”的斗争虽然胜利了，但还有不少的地方仍被这些黑暗势力笼罩着。受封建主义统治的学校把那些参加过爱国活动的学生一一开除。为了从根本上改变这一现状，宣中华等人于 4 月开展驱逐省长齐耀珊和省教育厅厅长夏敬观的运动。宣中华对同学们说：“拔掉齐、夏两个反动根子，要靠人民的力量，就是要浙江人来‘开除’齐耀珊和夏敬观。”为此，宣中华挑选了 20 名学生代表，到浙江的各地进行宣传齐、夏二人的罪行；另在学校发动总罢课，组织五六千学生举行驱逐齐、夏的游行示威活动。

随着活动日益高涨，影响越来越大。5 月 19 日，省议会针对“齐”、“夏”问题临时召开了会议。最后，省议会通过了弹劾省长齐耀珊案。6 月 17 日，省长齐耀珊被迫辞职。

1920 年夏，宣中华在“一师”毕业后，随即被聘为“一师”的老

◎浙江省立第一师范学校旧址杭州高级中学大门

师。宣中华边教书，边去印刷工厂做宣传，告知工人有关日本的侵略与北洋军阀的卖国罪行的消息，帮助工人走出封建思想的束缚，建立新思想。同年 12 月，宣中华、陈范予等人创办了浙江省第一张工人报纸《曲江工潮》。1921 年春，受陈望道邀请，宣中华前往上海马克思主义研究会工作，随后加入社会主义青年团。宣中华在研究会工作的同时，不仅学到了很多新思想，也在他的内心建立了无产阶级世界观。

最有意义的事

1921 年夏天，宣中华经中共党员沈定一介绍，到萧山衙前农村小学担任教师。他在农村小学展开了一系列的革命宣传活动。宣中华常与其他教师一起前往绍兴、萧山等地的农村，一边帮助穷苦农民学知识，一边做革命宣传，引领农民反抗压迫。同年 9 月，宣中华又与沈定一等人组织农民发动了以萧山衙前为中心的萧绍农民运动。

1921 年 10 月，中国共产党派宣中华以“浙江农民协会代表”的身份，前往莫斯科参加共产国际召开的远东各国共产党即民族革命团体第一次代表大会。几经辗转，宣中华于同年年底抵达莫斯科。1922 年 1 月 21 日大会开幕。大会期间，宣中华认真地聆听演讲、对大会议题展开思考、总结。革命必将胜利的信念在他的心中更加坚定。大会结束后，宣中华在俄国逗留了些日子，于同年 4 月回国。宣中华从俄回国后，极力向亲朋好友宣传马列主义。他对大家说：“过去对革命的意义，只在书报上看到一些，精神实质上是相当模糊的，去过苏俄之后，认识大大加深了。”从此，宣中华视俄国之行为“平生最光荣，最有革命意义的一件大事。”

4 月，宣中华找到了在“一师风潮”中与自己并肩作战的徐白民。两人一起组织“任社”，而后又在萧山县龛山创办了《责任》周刊。周刊的主要内容是揭露反动军阀及帝国主义的罪行，激起人民的反抗意识。《责任》周刊在出到第 15 期时被封，宣中华被通缉，原因是《责任》周刊发表的文章矛头直接指向封建军阀政府。

激流勇进

1924 年 1 月 10 日，宣中华正式成为一名共产党员。国共第一次合作开始后，宣中华依照党的指示加入国民党，随即又作为浙江国民党代表参加了在广州召开的国民党第一次全国代表大会。大会结束后，宣中华常来往于上海、杭州。在他的不懈努力下，有不少热血青年加入了国民党。后来，宣中华因为在《浙江周刊》上发表文章呼吁人民一起推翻腐败的军阀统治，加入革命，触怒了北洋军阀政府，再次遭

◎1923年2月，孙中山返回广州，继续大元帅执权，10月孙中山在广州召开国民党党务讨论会，共产党人谭平山、李大钊分别被指派为中国国民党临时中央执行委员和候补临时中央执行委员，开始了国共第一次合作，图为全体会者合影

到通缉。

1926年7月9日，国民革命军北伐开始。10月，宣中华在浙江组织工农群众积极支援北伐军，他亲自前往温州等地迎接北伐军。1927年2月24日，为了更好地开展工作，宣中华在杭州主持召开国民党浙江省党部执行委员会会议，并再次当选为执委会常务委员，主持省党部工作。

3月10日，宣中华召开了省市县党部联席会议。会议上，宣中华揭露了国民党右派的阴谋。中共党组织以宣中华为首，在浙江迅速掀起了工农运动。以蒋介石为首的国民党右派集团，加紧了背叛革命的步伐。4 月 11 日，在浙江国民党右派发动反革命政变，包围了省党部、省政府等机构，搜捕共产党员和国民党左派。顿时，整个杭州被白色恐怖包围。

许身于党

1927 年 4 月 11 日，宣中华因得到共产党员潘念之的通知，得以脱身。为了及时与上海党组织取得联系，宣中华化装成列车长，搭乘火车离开杭州。4 月 14 日下午，宣中华抵达上海龙华火车站。宣中华在此下车，准备步行前往上海市区。当时，龙华地区是蒋介石反革命的搜捕区。因此，在穿过桃花林的时候，宣中华不幸被捕。

敌方本以为抓到了宣中华，就能得到中共的情报。谁知面对严刑逼供、枪杀威胁，宣中华都不为所动容。受审时，宣中华很坦然。敌人说："你是宣中华，浙江共产党的头子，国民的祸首，快点儿交代共产党组织的情况和这次去上海的目的！"宣中华正气凛然地说："你们既然知道我，也不必多啰唆，你们喜欢怎么样就怎么样。至于国民的祸首不是我们，而是你们，你们背叛了孙中山先生，是中山先生的叛徒！"

经过多次的拷打和逼供，宣中华的态度依然那么坚决。他怒斥敌人道："还是收起你们的一套吧，我自从参加革命以来，早已许身于党，将生命置之度外。""你们杀了我，无非只不过杀了一个宣中华，但千千万万革命者会起来杀你们的！中华今为革命而死，虽死无憾。"

1927 年 4 月 17 日深夜，宣中华被敌人杀害，牺牲时年仅 29 岁。

蜡烛之光永不灭——萧楚女

做人也要像蜡烛一样，在有限的一生中有一分热发一分光，给人以光明，给人以温暖。

——萧楚女

萧楚女（1893～1927），湖北汉阳人，原名树烈，字秋，经常以初遇、抽玉等笔名发表文章。

◎萧楚女

自学成才的革命理论家

萧楚女幼年时期就深切地感受到了社会的黑暗。12 岁的时候，萧楚女被送到一家木材行当学徒。在那里，他受着非人的待遇，被折磨得骨瘦如柴。他哭着对母亲说：“妈，我实在受不了这个罪。是死是活还是让我到外面去闯闯吧！说不定还可以找到一条出路。”就此，13 岁的萧楚女踏上了漂泊之路。他在汉口、镇江、芜湖等沿江城市打工，做过轮船杂工、街头报童、酱园学徒，还当过排字工人等。

辛亥革命爆发的那一年，萧楚女正在湖北新军里当兵。武昌起义时，他参加了汉阳保卫战。战斗中他英勇杀敌，却被炮火声震聋了一只耳朵。辛亥革命后，袁世凯盗走了革命胜利的果实，萧楚女毅然离

◎萧楚女生平展厅

开了新军，选择退伍。

离开新军以后，在“实业救国”的思潮影响下，为了继续探寻救国救民的真理，萧楚女决心排除干扰，集中全部精力，埋头读书。1912 年，萧楚女考入武昌新民实业学校，攻读农桑。他如饥似渴地读着各方面书籍，坚持自学完中学的文理课程。在新民实业学校学习了 8 个月后，以优异的成绩毕业了。

1914 年，萧楚女到武昌中华大学旁听，学习了一些自然科学知识，而且还结识了恽代英等在该校的青年运动领袖。萧楚女因此加入到了恽代英领导的“互助社”，并在这一时期，接触和学习到了马克思主义。五四运动爆发后，萧楚女由恽代英介绍进入“利群书社”。此后，他的思想发生了很大变化，开始放弃从西方资本主义国家得来的政治思想，试图用社会主义来指导自己的实践。

1922 年，萧楚女加入中国共产党。从此，他由一个激进的青年民

◎萧楚女旧照

主主义者成长为一个优秀的共产党员、共产主义战士。

萧楚女虽没有上过大学，但是他经过艰苦的自学，最终掌握了丰富的社会科学新知识、新思想，深入学习了马克思主义理论，并逐步成为中国共产党早期著名的理论家。从武昌新民实业学校毕业以后，萧楚女就开始了他评论时政的生涯。

以笔为武器

1915 年，萧楚女曾和刘泥清一起创办《崇德报》，并担任主笔。1917 年在《大汉报》担任主笔时，萧楚女写文章鞭挞反动政府，文风痛快淋漓，尖锐泼辣，一时间成为了最活跃的记者。最后，因为言论太过激烈，他被迫离开了《大汉报》。1923 年，萧楚女兼任《新蜀报》主笔。刚到职，他便对这一报纸进行了改革，使它具有了鲜明的反帝反封建的色彩。由于萧楚女的文章论点新颖，以社论或政论的形式对反动派的罪恶行径、反动意识形态进行深刻的揭露和无情的鞭笞，很快《新蜀报》在四川人民中就享有了很高的声誉，销量大增。

为了办好《新蜀报》，萧楚女呕心沥血，日夜操劳。白天他要担任

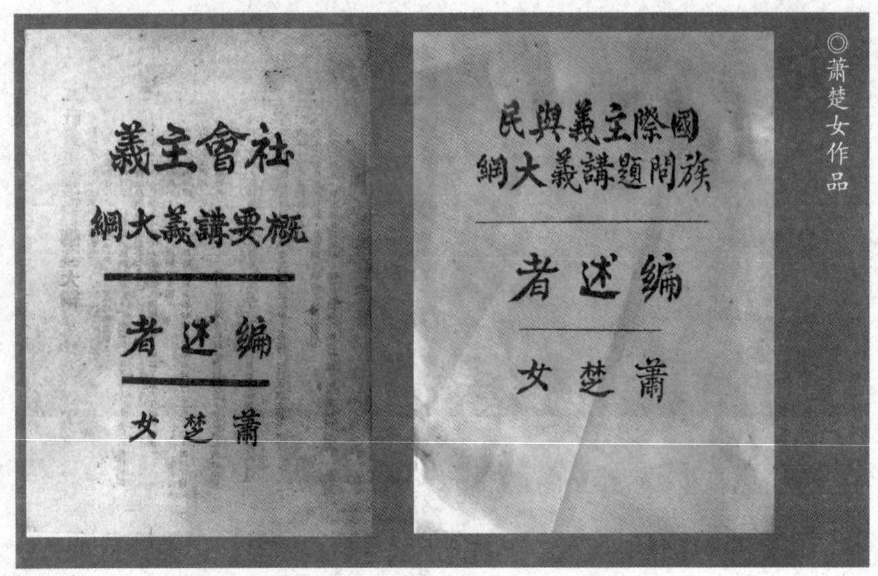

◎萧楚女作品

繁重的教学工作并参加社会活动。晚上除了编辑报纸外，他还要亲自为报纸写稿。他的文章，笔锋犀利，战斗性很强。连反动派所控制的报刊也不得不赞叹萧楚女的文章是“字夹风雷，声成金石”。

反动当局因萧楚女在《新蜀报》的革命活动，而变得惶惶不安。他们终于坐不住了，撕下了民主的伪装，露出了狰狞的面目：责令《新蜀报》辞退萧楚女。广大群众得知这一消息后，无不义愤填膺。不少读者因报上没有刊载萧楚女的文章，而将报纸退回报社，并说：没有萧先生的文章，我们不订了。反动当局迫于广大群众的压力，只好收回成命。萧楚女回到报社后，斗志并不因反动派的高压而稍减，反而更加昂扬，态度更为坚决。反动派恼羞成怒，再次辞退萧楚女。但又因群众反对，阴谋未能得逞。就这样辞退，迎回，再辞退，再迎回，使萧楚女三进三出《新蜀报》，成为人们争相传颂的报坛佳话。

1925 年 5 月，萧楚女和恽代英一起主办共青团中央刊物《中国青年》，先后发表 70 多篇文章，号召青年学习马克思主义，投身革命运动。8 月，萧楚女到达河南，协助豫陕区委书记王若飞主编党的机关报——《中州评论》。1926 年，在广州，萧楚女又协助毛泽东编辑《政治周报》，为宣传新思想作出重要贡献。

十余年间，萧楚女用手中的笔作为武器，在舆论的阵地上纵横驰骋，以此来唤起人民的觉醒。

带病上课

1926 年 5 月至 9 月，萧楚女受毛泽东的邀请来到广州农民运动讲习所。在讲习所里，其他教员都是兼职，唯独萧楚女是专职教员。萧楚女担任的课程都是新课程，没有现成的讲义，他就自己动手编写教材。

萧楚女总是循循善诱，深入浅出地给学员讲课。他讲的课通俗易懂，很能吸引学员。萧楚女传播的新思想坚定了学员为埋葬帝国主义而奋斗的决心和信心，深受学员的欢迎。学员都很愿意听他讲课，还有的学员一直都保存着当年的听课笔记。

那时，萧楚女不顾身患肺病，总是忘我地工作。上课时，他滔滔不绝，精神百倍，但是一节课下来，萧楚女就筋疲力尽。尽管如此，他还是坚持上课，不愿耽误学员们的学习。他上课时常咯血，为了不让学员们看见，就偷偷地吐在手帕上。学员劝他休息养病，都被他婉言谢绝了。萧楚女的病情越来越严重了，毛泽东十分关心他的健康，亲自将他安排到了广州东山医院。

1926 年底，萧楚女病情好转出院。根据党的安排，他来到了黄埔军校当政治教官。

萧楚女在黄埔军校期间，依然做着一个燃烧自己，照亮别人的“蜡烛”。他除了上课外，还参加学员的政治学习小组，为他们解答疑难问题。他的授课依然是那么出色，一些热血青年被他的讲课风格吸

◎黄埔军校旧址

引，乐于接受他所传播的知识。萧楚女还在《黄埔日刊》上收集、整理学员的问题，给他们以解答，帮助他们树立革命的人生观、世界观。

惨遭杀害

1927 年 3 月，萧楚女又因过度劳累而进入广州东山医院接受治疗。在医院里，不断传来工农群众被迫害的消息。当时，蒋介石一方面利用孙文主义学会分子同共产党捣乱，另一方面又千方百计地企图将黄埔学生中的共产党员和先进分子收买过来。多数共产党人和进步分子立场都非常坚定，拒绝收买。这些“硬骨头”中就包括萧楚女。萧楚

女在 3 月 16 日到 24 日间，短短九天内奋笔疾书写成五篇文章，对蒋介石屠杀工农，迫害进步势力，进行了无情的挞伐。

1927 年 4 月 12 日，蒋介石在上海发动反革命政变，屠杀共产党人和革命工农。4 月 15 日，广州的反动派进行了清党大屠杀。

在那刀光剑影、杀气腾腾的日子里，黄埔军校内的孙文主义学会分子的气焰更为嚣张起来。他们配合军警到处搜捕共产党人和进步人士，解除军校进步学生的武装。而他们的眼中钉、肉中刺萧楚女，此刻正在病房里。一群如狼似虎的反动派闯进病房，躺在病床上的萧楚女看到他们，笑着说："我是个病得要死的人了，难为你们赠送一顶烈士的桂冠，不胜荣幸之至。"恼羞成怒的敌人将他拖走，推上了囚车。

在狱中，重病在身的萧楚女遭受了严刑拷打。他不仅没有屈服，反而忍着身体的痛苦，痛斥反动派的罪行。萧楚女早已将生死置之度外，他一直在鼓励难友将斗争进行到底。4 月 22 日，萧楚女等人被秘密处死，牺牲时年仅 34 岁。

萧楚女是人民的良师益友，他热情地宣传马列主义和救国救民的真理，愤怒地揭露帝国主义和封建主义的罪行。他呕心沥血战斗在教育战线上，为革命培养了大批人才。在黑暗的旧中国，他用自己的声音和纸笔，唤起人民的觉醒，提高战士的斗志；他像点燃的蜡烛一样，用自己的光辉，为黑暗中摸索的人们，照亮着前进的路程。

◎萧楚女雕像

文武双全的红军领导人——彭公达

我们要高高打出共产党的旗帜。

——彭公达

◎彭公达

彭公达（1903～1928），湖南湘潭县（今韶山市）人。中国工农红军高级将领，中共中央政治局候补委员，中共湖南省委书记。

生为革命

1903年，彭公达出生在湖南湘潭县西二区下七都一个农民家庭。因为彭公达家中只有他一个男孩，所以父母倍加宠爱，望子成龙，千方百计地供彭公达上学。彭公达天生聪颖，并没有辜负父母的期望，先是在本地私塾学习，不久转到银田镇小学，以后又转到几十里外的石潭西路高小学习。

1923年，彭公达考入湘潭县中学附设师范班，后转入省城长郡公学附设甲种师范第三班。这时的彭公达思想活跃，积极参加中国共产党领导的各种学生运动。还从中结识了郭亮、夏明翰等人。彭公达通过他们的帮助，在革命斗争中，进步很快，逐渐树立了共产主义信仰。1924年，在夏明翰等人的介绍下，彭公达加入中国共产党，从此开始了革命斗争。

毕业后，彭公达先回到了家乡，创办湖湘小学平民夜校，从事建党和工农运动，宣传国民革命，发展党员。国共合作时期，他加入国民党，从事国共合作工作和国民革命运动。1926年，他在《中国农民》杂志撰文《农民的敌人及敌人的基础》，号召农民团结起来，组织起来，解救自己的痛苦，夺取乡间政权，影响很大。

1926年3月，彭公达被毛泽东聘为第六届农民运动讲习所职员，担任该所中共组织的专职书记，协助毛泽东工作。在农讲所，彭公达不仅做好本职工作，发展党员，他还积极听毛泽东等人的讲课，与学员交流心得，使自己不断进步。

国民革命军北伐前夕，彭公达奉命回湘潭，为迎接北伐军做准备。在北伐军入湘后，彭公达担任中共湘潭地方执行委员会委员，主要负责军事。他与其他领导人一起，积极地为北伐军组织武装分队，极力支援国民革命军北伐。他注重全民武装，每到一个地方，就会发动群众开展反帝反封建的斗争。

1927年，彭公达任中共湖南区委农民部长和湖南省农民协会秘书。在读了毛泽东的《湖南农民运动考察报告》后，他坚决支持毛泽东关于农民运动“好得很”的观点，反对国民党右派和党内右倾投降主义者诬蔑农民运动“糟得很”的谬论，掀起了农民运动的新高潮，使湘潭成为全省农运最火热的地区之一。

衷心为党

1927年5月21日，长沙爆发了马日事变，整个城市笼罩在白色恐怖之下。23日，彭公达参加了在湘潭召开的军事会议。会议结束后，他在长沙和湘潭之间来回奔走，组织工农义勇军近10万人，准备攻打长沙。由于当时党内右倾主义错误阻挠，行动被迫停止。

6 月 24 日，彭公达任中共湖南省委委员兼农民部部长。八七会议中，他代表湖南省委发言，支持毛泽东的正确意见，同时他还批判了陈独秀右倾投降主义错误。会上，彭公达和毛泽东当选为中共临时中央政治局候补委员。8 月 9 日，临时中央政治局召开第一次会议，决定由彭公达任中共湖南省委书记，与中央特派员毛泽东回湘改组省委、领导秋收起义。

9 月 9 日，秋收暴动爆发。由于当时敌强我弱，起义部队主力在平江、浏阳相继受挫，破坏铁路的行动也惊动了敌人。敌人加强了在长沙的警戒，形势对起义军极为不利。在这种情况下，彭公达和省委认为暴动条件不成熟，决定停止 15 日的长沙起义。共产国际在长沙代表马也尔则反对彭公达的此种做法，责备彭公达取消长沙暴动是临阵脱逃的表现，于是中共中央立即派任弼时来湘领导工作。任弼时到湘了

◎八七会议会址

◎秋收起义纪念碑

解实情后，仍决定让彭公达继续担任湖南省委书记，而中共中央却坚持要撤换彭公达。10 月 24 日，彭公达被中共中央免去省委书记职务，改任中共湘西特委书记。11 月上旬，彭公达又被撤销省委委员和政治局候补委员职务，并受到留党察看半年的处分。

尽管彭公达在政治上蒙受重大打击，但他仍赴湘西组建中共湘西特委，忠心耿耿地为党、人民和革命继续工作。彭公达化名毕得成，到常德任职。为了打开湘西的局面，他以周游各地为由，了解情况。但是因为种种原因，仅到了桃源、汉寿、澧洲、常德等地。一路上，他会见各地党组织负责人，调查中共组织的恢复和发展，以及农运、军运工作情况。他提出与贺龙领导的工农武装取得联系，开展湘西游击战争，实现红色割据的正确主张，并深入到城乡村镇发展组织、发动群众。他经常化装成小贩，到湘西城乡巡视，指导工作。在常德市区，他穿街走巷，跑码头，进工厂，先后在缝纫、理发、人力车、烟纸业、码头、烹饪、袜业等行业工人中建立了共产党支部，其中人力车支部就有党员 20 余人，还在电灯、邮政、染织等行业中也发展了党员。

常德、桃源、汉寿、石门、澧县、临澧、麻阳等县中共党组织很快得到恢复和发展，并在湘西驻军和地方部队中，秘密建立起士兵支部。彭公达还利用敌人内部矛盾，一举除掉了临澧“四霸”，在湘西造成很大震动。1928 年 6 月，由于叛徒的出卖，敌人逮捕革命党人越加疯狂。彭公达只好离开常德，先后化名杨维策、杨春生，往来于长沙、萍乡等地联络中共党员，为新的战斗做准备。

死亦无憾

1928 年 7 月中旬，彭公达在安源不幸逮捕。当时，国民党军队还没有搞清楚他的身份，彭公达趁此机会写了封信，托好友肖灿云的弟弟传递出去，想通过第二军第六师十八团中校团副戴文手下的雷鸣皋转告戴文，让其设法营救。可惜，雷鸣皋因为年轻缺乏经验，途经易家湾时，被国民党军阀鲁涤平手下的检查站人员在他身上搜出了彭公达的信，随即戴文被鲁涤平怀疑是共产党也逮捕下狱，雷鸣皋被捕牺牲。

由于身份暴露，彭公达被押送到了长沙，关在湖南省督办公署，遭到严厉的拷打和审讯。戴文和另一位姓肖的同志也被关在同一个地方。彭公达早已想好，要么尽力出狱，要么就以身殉职。不过他认为最重要还是尽量保证有更多的同志出去。

一天，看守人员被戴文收买，得以在狱中见到彭公达。戴文问道：“今后将如何打算？”彭公达坚定地回答：“坚决拒绝自首，尽量利用关系脱险！我是九死一生了，希望你能利用私人关系出狱，再设法营救我，如不成，请帮我收尸！”

“我同样被捕了，怎么能先出狱呢?”

“你始终不要承认是共产党员，我会在讲话中掩护你的。”

他们商量好，坚决不自首，彼此互不相识。

这天，敌人会审彭、戴、肖三人时，彭公达趁机对肖说：“大家都有妻室儿女，讲话要有良心，不要乱讲啊!”

敌人问彭公达：“戴文是不是共产党?”

彭公达故意装作不认识戴文的样子，骂道：“他不够资格，不过你们要杀他，我们欢迎!”因肖某不认识戴文，又有彭公达的话，以及狱外的一些活动，戴文便被判刑九年，送回宝庆执行。

至于彭公达，鲁涤平、何键如获珍宝一般，认为他这么一个共产党高级干部，曾担任十分重要的职位，一定有油水可捞。每一次审讯，他们都想从彭公达口中获取中共机密。面对敌人的严刑拷打，彭公达用招假供的方法，智勇斗敌。于是，彭公达做出一副自首的姿态，将敌人早已知道的事情给他们供述。如：之前被抓已经牺牲和已经公开身份的党员名单，以及普通国民党都熟知的共产党代码——大学是共产党的代号、中学是青年团代号等等。彭公达就是以此方法来迷惑敌人，以争取宝贵的斗争时间。

不幸的是，在他秘密进行工作的时候，被叛徒出卖。他们将彭公达的言行报告给了国民党，监狱当局知道了彭公达自首是假，非常愤怒，给彭公达以“罪大恶极”，“阴险卑污，法无可逭（免除）”的罪名，于 1928 年 8 月 7 日，将他惨杀于长沙小吴门外校场坪。彭公达牺牲时，年仅 25 岁。

毕生献革命——蔡和森

蔡和森同志是我党早期卓越的领导人之一，他对中国革命作出了重大的贡献，中国人民永远纪念他。

——邓小平在纪念蔡和森诞辰八十五周年时的题词

◎蔡和森

蔡和森（1895～1931），字润寰，号泽膺，学名彬，原本复姓蔡林，名铢仙，湖南双峰人。无产阶级革命家、中国共产党早期卓越领导人之一、著名的政治活动家、理论家、宣传家。

一师结挚友　赴法学革命

蔡和森生于1895年，那是一个动荡不安的年代。当时的中国已沦为半殖民地半封建社会。1899年，蔡和森随母亲回到老家——湖南双峰永丰镇。不久，其父回乡，并在双峰县买下井字镇杨球光甲堂定居。

1913年秋，蔡和森以优异的成绩考入省立第一师范学校，并改名为蔡林彬。蔡和森进入“一师”的图书馆后，就像进入知识的海洋，就算是饿着肚子，放假也要待在学校的图书馆里看书。1914年春，蔡和森认识了毛泽东，两人一见如故，常在一起看书讨论问题。杨昌济先生曾对人说过：“毛泽东和蔡和森‘二子海内人才，前程远大，’如

◎新民学会旧址(蔡和森故居)

果好好培养，将来一定是国家栋梁之才。”

1915 年，蔡和森跳级考入了湖南高等师范学校文史专科。蔡和森在高等师范里，用功读书，刻苦钻研。当时，由陈独秀主编的《新青年》出版了，书中主讲“民主”与“科学”，并大力批判封建主义的传统思想。这些，深深吸引着蔡和森。很快，蔡和森成为了《新青年》的忠实读者，并接受了民主革命思想。

第二年 6 月，蔡和森毕业于湖南高等师范学校之后，并没有回家，而与毛泽东一起在杨昌济先生的公寓里住下。两人一同探索救国救民的真理，准备进一步建立革命团体。1917 年秋天，蔡和森鼓动家人从老家搬至岳麓山溁湾镇刘家台子居住。自此之后，毛泽东与罗学瓒、张昆弟等新思想青年，常到蔡和森的家中畅谈理想。大家一致商讨，认为想要推翻这个封建的社会，仅靠几个人的力量是不行的，只有征集更多的爱国人士，才能有所发展。于是，1918 年，蔡和森与毛泽东等人组织了新民学会，并创办了《湘江评论》。

1918 年 6 月 23 日，蔡和森受同志们之托，冒雨前往北京商讨赴法勤工俭学之事。到京之后，经杨昌济老师介绍，先后认识了李石曾、蔡元培、李大钊等人。在李大钊的影响之下，蔡和森了解到马克思主义，随即加入了“少年中国学会”。

1919年12月25日，蔡和森和母亲葛健豪、妹妹蔡畅及向警予等30多人，在上海乘“央脱莱蓬”号轮船赴法国。蔡和森进入蒙达尼男子中学学习。在校内，他秉着一股刻苦钻研、勤奋好学的冲劲，仅用了半年时间，就读了几百本关于马克思主义的书籍，思路也开阔了不少。他认为，中国更适合走俄国革命的道路。蔡和森在法国不仅收获了救国理论，同时也收获了自己的爱情。蔡和森和向警予相识后，两人有着相同的生活、革命目标，并建立了深厚的感情。1920年，二人在蒙达尼自由结婚。当毛泽东得知这件事后，高兴地称赞他们脱离封建婚姻，打破旧制度。

留法期间，蔡和森对建党的理论及方针、路线做了详细的分析与调查，并有自己的独到见解。蔡和森认为，要想发展中国革命，必须成立共产党。而且他还针对党的性质、指导思想等问题提出了许多正确主张。1920年8月，蔡和森在给毛泽东的信中提到“我认为先要组织党——共产党。因为他是革命运动的发动者、宣传者、先锋队、作战部……”

1921年，蔡和森在法国发起了建党活动，组织了中国共产主义青年团旅欧支部，周恩来任总支书记。也正是在这一时期，国内的中国共产党在上海建立。

蔡和森留法期间，不仅刻苦钻研适合中国的革命，还参与了不少斗争。1921年2月28日，为了“争生存权和求学权”，同学们坚决反对北洋政府拒绝资助学生勤工俭学，而指使驻法使馆，以“找不到工作、不能上学”为由把学生遣送回国的抗争。同年8月，他参加了抗议北洋政府卖国借款。

为了夺回“里昂大学”的就读权，蔡和森与赵世炎、罗学瓒等人带领125名学生，冲进了“里昂大学”准备与校方谈判。不料，校方居然与法国政府串通，派出200多名武装警察把他们统统带走，只有赵世炎一人脱身。法国政府以“从事布尔什维克活动”和“扰乱治安”的罪名，于1921年10月18日将剩下的学生全部遣送回国。

中国共产党早期重要的理论家和宣传家

1921年10月，蔡和森因领导留法勤工俭学学生斗争被强行遣送回国，同年底加入中国共产党，并在中共中央从事党的理论宣传工作，成为党早期重要的理论家和宣传家。1922年6月，他出席党的二大，参与起草二大宣言，为制定党的民主革命纲领做出了贡献，当选为中央执行委员会委员。1922年9月起任中共中央机关报《向导》周报主编。在党的三大、四大上，他当选为中央局委员，参与中央领导工作。1925年，参与领导五卅反帝爱国运动。同年10月，受中共中央委派，蔡和森赴莫斯科参加共产国际第五届执行委员会第六次扩大会议，会后任中共驻共产国际代表。1927年春，蔡和森回国，在5月举行的中共五届一中全会上当选中央政治局委员、常委，随后兼任中共中央秘书长。

在大革命面临失败的危急关头，蔡和森对党内右倾机会主义错误进行了严肃批判，并多次提出应对危机的建议。在党的八七会议上，他支持毛泽东的正确意见，为党确立土地革命和武装反抗国民党反动派的总方针起到了重要作用。会后，他作为中共中央特派员，赴天津参与组建和领导中共中央北方局的工作，并任北方局委员、宣传部部长。9月22日，中共顺直省委召开活动分子会议，蔡和森在会上传达八七会议精神，全面总结五大以来党的经验教训。1928年6月至7月，在莫斯科举行的中共六大上，蔡和森认真总结土地革命战争初期的经验教训，阐明在农村开展武装斗争、建立红军、开辟割据局面的可能性，并当选为中央政治局委员、常委，兼任中央宣传部部长。六大后，他回国参与中央领导工作。1928年底，蔡和森作为中共驻共产国际代表团成员派驻莫斯科。

哪里需要就到哪里去

1931年初，根据党中央指示，蔡和森从莫斯科回国后，去香港指导两广地区党的工作。当时的广东党组织遭到严重的破坏，整个广州城到处弥漫着白色恐怖，因此省委暂时定在香港。同年3月，蔡和森不畏艰险，带着家人从上海来到了香港。其实，在蔡和森来香港之前就已经遭到外甥女的劝阻，并告诉他那里现在很危险。蔡和森毅然说："干革命，哪里需要就去哪里，不能只考虑个人安危。"

6月10日，香港海员工会召开重要会议。考虑到这是一次群众的会议，可能会混入叛徒和特务，所以没有要求蔡和森去参加。但蔡和森觉得，这么重要的会议他是一定要参加的。果然不出所料，蔡和森一进会场，就被混入会场的大叛徒顾顺章认出，当即遭到国民党特务的逮捕。

蔡和森被捕后，中共党组织立刻展开营救，但他很快被国民党当局引渡到了广州。在广州军阀的监狱中，蔡和森吃尽了苦头。敌人把蔡和森打得皮开肉绽、血肉模糊。严刑逼供下，蔡和森没有说过一句对党不利的话语。

最后一次审问时，敌人居然把蔡和森的手脚用铁钉钉在墙上。蔡和森仍然未吐露一个字。最后一刻，蔡和森被敌人的乱刀刺死。他牺牲时，年仅36岁。

毛泽东曾在一次谈话中说过："一个共产党员应该做的，和森同志都做到了。"

伴“黄埔”而终——熊雄

不高的身材，和蔼的容颜，刻苦耐劳的精神，讲了一遍又一遍，是那样一个不畏烦琐的教师，这就是熊雄。他告诉我们枪杆子要瞄准帝国主义军阀，因为他们是压迫和剥削我们的敌人，不要残杀工人和农民，因为只有得到工人农民的拥护才能得到成功。

……

他指明了我们瞄准的方向，更加鼓舞了我们沸腾的热情，使我们一直打到了长沙、南昌、武汉、南京，完全消灭了武器比我们优良、力量比我们强大的吴佩孚、孙传芳，收回了汉口、九江租界，使帝国主义胆战心惊。这样就造就了我们黄埔的光荣，震动了亚东。熊雄同志啊！假使不是你当时给了我们政治的武装指示了前进的道路，哪里能够留下了历史的荣耀！

——许光达大将在《熊雄同志略传》一书中对他的老师熊雄是这样深情描述的

◎熊雄

熊雄（1892～1927），黄埔军校政治部主任，中国共产党在大革命时期著名的军事领导人之一。

求索革命之路

熊雄是江西省宜丰芳溪下屋村人，从小聪颖好学，兼修文武，志向远大。1906年，当时的他只有14岁，便有“我辈青年应志在四方，不能再作井底之蛙，埋头诗云子曰了”这类适应时局的感慨。

面对当时内忧外患的国情危机和如火如荼的革命形势，1911年初，熊雄毅然放弃在南京优级师范学堂的学业，回南昌参加了李烈钧组建的江西新军学生军，投身于轰轰烈烈的辛亥革命。不久，武昌起义胜利，江西的革命军队乘势占领了南昌，李烈钧被任命为江西都督，学生军改编为学兵团，熊雄成为学兵团的领导者之一。

1913年，辛亥革命胜利的果实被袁世凯窃取后，熊雄又追随李烈钧参加湖口“二次革命”，但革命仅仅进行一个月就遭到失败。之后，熊雄被迫跟随李烈钧逃亡到日本，参加了孙中山组建的中华革命党，从事民主革命活动。

熊雄于1916年回国，投身到孙中山领导的护国护法运动，并从当年的一介书生成长为湘军的一位上校军官。但屡战屡败的现实，使他认识到旧式民主革命不能救中国于水火。熊雄为寻求救国救民的道路而不断探索着。

1919年，在友人的资助下，熊雄赴法国勤工俭学。

在勤工俭学期间，熊雄积极参加到革命活动中。1920年底，熊雄与友人赵世炎、李立三、熊自难、陈公培等人在巴黎组织了劳工学会，其后又以学会为核心扩展为留法勤工俭学会，积极组织留学生团结互助，到工厂做工，参加工人运动，自己决定自己的命运。

一次，旅法勤工俭学学生为争取工作、学习、生活等权利，进行了“2月28日请愿活动”。熊雄听到消息，立即从当时就读的法国西南

◎1921年，熊雄(后排左4)、王若飞(后排左2)等在巴黎留影

部农校赶回巴黎参加。劳动学会的成员集中在熊自难的寓所开会，印发“声明”和“意见书”，斥责驻法使馆与法国军警勾结殴打中国留学生的事实，号召大家坚持勤工俭学、坚持抗暴斗争。

德国是马克思主义学说的故乡。熊雄为了更深刻地研究马克思主义，于1922年3月离开法国，转赴德国留学，并在柏林加入了德国共产党。他在德国勤奋研究马克思主义和国际无产阶级的斗争，积极参加在旅德学生和华工中进行革命活动。当时，旅德的同学经常集中在康德大街中共驻柏林通讯员张申府家中学习和商讨工作，主要是研究组织旅欧中国少年共产党（中国社会主义青年团前身）的问题。参加活动的有周恩来、刘清扬、张伯简、谢寿康、熊雄等人。

6月，旅欧中国少年共产党在巴黎成立，成员有30余人，每人均有代号，熊雄的代号叫“其光”。8月，中共旅欧支部成立，周恩来代表在柏林的中共党员到巴黎出席成立大会。旅欧支部当时设有共产主义研究会，系统学习、研究马克思主义理论，并通过旅欧少共成员在留学生和华工中进行革命活动。

奋斗在黄埔

1924 年，孙中山在苏联和中国共产党的帮助下改组国民党，实现国共两党合作，并在广州创办了陆军军官学校（黄埔军校）。1925 年秋，已成为中国共产党员并在苏联东方大学学习的熊雄奉命回国，接受中共中央的安排，在黄埔军校任职，先后担任政治大队副队长、东征军总指挥部政治部秘书长、黄埔军校政治部副主任等重要职务。由此，他在广东开始了革命生涯中最重要与最辉煌的阶段。

初到军校，熊雄主张在思想上要继承孙中山的遗志，担负历史的使命，不必分主客、省界，只需要知道他们是不是革命的军队。他指出现在中国的问题是世界的问题，是各阶级利益冲突的结果。“如果一个革命军人，也带有地方主义和部落思想的彩色，那么就不算是个革命军人，只可以说是个封建社会里的酋长……”他文笔犀利、言简意赅、微言大义。

熊雄参加东征的时候，每日行军的空隙，都会“信笔直书”，写下战地经历和感受，增加同志们的士气。两个“打成一片”的教育方针，是熊雄提出的，即“军事与政治打成一片”和“理论与实践打成一片”，并据此制定了全校的政治教育计划：步、炮、工各科以十分之七时间学军事，十分之三时间学政治，政治科则相反，开设帝国主义、社会进化史、社会主义等 26 门政治课程，聘请恽代英、萧楚女等共产党人担任政治教官。当时，政治部职员最多时曾达到 80 余人。

除此之外，熊雄还邀请毛泽东、刘少奇、张太雷、苏兆征、邓中夏等中共领导人及何香凝、鲁迅等进步文化名人到军校作政治演讲。他自己还亲自讲授《本党宣言训令》和《军队中的政治工作》两门课程。他孜孜不倦地教导青年要分清敌我、热爱工农、团结群众；要做到不贪钱、不要命、爱国家、爱百姓，抛弃个人功名利禄观念，为被

◎黄埔军校建校后，共产党员周恩来、熊雄、萧楚女、恽代英、聂荣臻等曾在军校担任政治领导工作和教学工作

压迫民族的利益和工农的利益而奋斗牺牲。

1926年7月，北伐开始后，蒋介石采取措施，加强了对后方和军校的控制。7月26日，他对校部各负责人讲话时，还提出“禁绝小组织、小团体”等口号，对共产党人进行含沙射影的攻击。同时，蒋介石还运用自己控制的“黄埔同学会”进行破坏活动，监视军校里的共产党人。

熊雄则在《黄埔日刊》上发表了《对于校长“临别赠言”的说明》一文。他指出坚持孙中山“主张容纳各派革命分子”的原则，不能动摇。共产党不仅代表工农的政党，还有独立性，“对于破坏党的组织的人就应认作我们的敌人，即拿起对付军阀与帝国主义的精神，与之奋斗。”熊雄通过这篇文章与蒋介石进行了一次针锋相对的斗争。

10月初，黄埔四期毕业生开赴前线，熊雄在同学录上题词：“人世斗争几日平，漫漫也应到黎明。听潮夜半黄埔客，充耳哭声与笑声。”指出了革命必胜的光明前景与革命者胜利的喜悦和反动派失望的恐惧，充分表现出共产党人坚强的革命意志与乐观主义精神。

随着第五期学生入校，熊雄在《告第五期诸同学》和迁往武昌分校学生话别中，谈到国民革命与世界革命的形式及其相互关系。他明确指出，黄埔军校在革命中有着重要的作用和伟大的使命，要求同学们不能成为黄埔军校的败家子，革命的障碍，应当保持和发扬黄埔精神，实现国民革命和世界革命。熊雄还在《黄埔日刊》上对同学们说到：“为革命而死，便于革命有贡献。反之，为升官发财、为恋爱、为军阀作走狗……等毫无意义之死，即使死了成千成万，还是死于非命。”

1927 年 3 月 26 日，蒋介石到上海后，进一步与帝国主义和买办资产阶级相勾结，从革命内部破坏革命。广东国民党右派和军校内的反动势力也积极露骨地配合，斗争越来越激烈。熊雄遵照党的指示，坚守工作岗位，以大无畏革命精神坚持斗争。他号召军校师生掌握革命方向，保持革命警惕，对国民党右派和校内反动势力的叛变阴谋，不断地进行揭露。他一面布置一部分党团员和左派分子转移，以保存革命力量；一面采取各种合法的灵活的方式，同国民党右派势力进行了公开的坚决的斗争。

血染白鹅潭

1927 年 4 月 12 日，蒋介石在上海发动反革命政变。4 月 15 日，广东国民党当局李济深等人同样开始在广东疯狂捕杀革命党人，并派军舰在黄埔军校附近巡逻、监视。

4 月 15 日深夜，黄埔军校教育长方鼎英请熊雄到黄埔海关楼谈话，告以即将实行“清党”的实情，请熊雄离开黄埔，遭到熊雄严辞拒绝，熊雄表示“要将一腔热血洒在黄埔岛上，与黄埔共始终。”

由于害怕熊雄的行为会引起校内革命师生的反响，方鼎英转而要求熊雄出国学习，并答应派“校长汽艇”送他去香港转赴法国。熊雄当即提出，要光明磊落地离开黄埔，行前要与师生讲一次话，但校方未同意开大会。于是，熊雄在政治部与 10 多位师生小范围地谈话。在大家的劝说之下，熊雄同意离校，并勉励大家要将国民革命进行到底，然后登艇离去。

熊雄所乘汽艇刚刚驶至珠江江心，就被以“机件失灵”为由，停下检修。此刻，监视黄埔的中山舰上的人，马上登艇将熊雄秘密逮捕。5 月初，他们将熊雄转至位于珠江南岸的南石头监狱，那里主要囚有黄埔军校的教官、学生和入伍生。

最早被押解到南石头监狱的是黄埔入伍生，他们对自己年纪轻轻参加革命还没有同帝国主义、军阀走狗搏斗，就将要无声无息地这样死去，深感惋惜、不安，甚至流露出恐怖的情绪。熊雄同第六期入伍生宋时轮谈话时了解到这些思想情绪后，便同他们交谈，争分夺秒地继续为革命工作。

熊雄告诉他们，干革命总会有牺牲，团结起来争取出狱，革命最终必定胜利。这次事变不是一时的风波，而是中国革命的转折点。他让大家做好长期斗争的打算，要组织起来，团结群众，实现“监狱是革命者的学校”，学会与敌人作斗争。如果他能够出去，一定向党报告，给予大家指示。否则，一定想方设法让他们寻求与狱外的党取得联系。

熊雄预感到自己为党工作的时日不多，因此，他勉励狱中学生“不要怕，要杀头，也是首先杀我这样的人。我除了感觉到对党做的事太少以外，我对自己毫不可惜，更不可怕。因为我们所做的事业是正当的，是为劳动阶级谋利益的。革命事业将来一定会成功的。你们大家自始至终都要坚持这个正义的事业，才是唯一的光明大道。”

5 月 17 日晚上，敌人提审点名叫到熊雄。熊雄知道，国民党广东反动当局对他要下毒手了。他以革命军人镇静自若的态度高声地说：“好！我走了！”就这样地告诉同狱的难友们：“我们永别了！”难友们都静静地站在各自房门前的小窗口处默默地望着，怒火中烧。熊雄被广东国民党刽子手杀害后，遗体被装入麻袋沉入南石头监狱附近的白鹅潭内。

熊雄就这样结束了他光辉的一生，年仅 36 岁。

文化救国——瞿秋白

在革命困难的年月里坚持了英雄的立场，宁愿向刽子手的屠刀走去，不愿屈服。他的这种为人民工作的精神，这种临难不屈的意志和他在文字中保存下来的思想，将永远活着，不会死去。

——毛泽东为《瞿秋白文集》题词

◎瞿秋白

瞿秋白（1899～1935），江苏常州人，散文家，文学评论家。中国无产阶级革命家，理论家，宣传家，中国共产党早期重要领导人，曾担任过两届中国共产党最高领导人，中国革命文学事业的重要奠基人之一。

醉心于学习

瞿秋白出身书香门第。瞿家世代为官，但到他父亲瞿世玮这一代，已经只剩一个徒有虚名的“浙江候补盐大使”。其父一生喜爱绘画，在济南教书得以糊口。母亲与其父一样，喜爱诗文。瞿秋白幼年所学的唐宋诗词均是由瞿母所教授。

瞿秋白小时候很聪明，酷爱学习。他 7 岁时进入私塾读书，8 岁进

◎瞿秋白故居

入冠英两等小学堂。12 岁，考入常州府中学堂预科。因家境日渐贫寒，17 岁的瞿秋白未能中学毕业。中学期间的校长是同盟会会员，常在学生中组织军事练习，教导学生反帝反清的革命思想。因此，对少年时期的瞿秋白影响很大。

自 1911 年辛亥革命之后，瞿秋白一家人的生活每况愈下。在 1916 年年关时，瞿母忍受不了生活的种种逼迫，自杀身亡。迫于家境的艰难，为母亲办完丧事之后，瞿秋白的兄弟姐妹打算各奔东西。

1916 年，瞿秋白在堂哥瞿纯白的帮助下，进入武昌外国语学校学习英语。第二年，他前往北京，考入北京免费大学——俄文专修馆。在那里，他不仅学习俄语、英语、法语，还学习文学与哲学，并开始试着翻译托尔斯泰的作品。他每天夜以继日地学习，最终因体力不支，患上肺病。世俗、黑暗的社会，让瞿秋白开始“研究国故”，谈论佛学。他认为，只有文化才能救国。

寻找新信仰

1919 年 5 月 4 日，瞿秋白参加了五四爱国运动，并组织俄专等学校的学生游行，向大家宣扬“外争主权，内除国贼，中国存亡，就在此一举”等理念。5 月 6 日，瞿秋白组织成立北京中等以上学校学生联合会，并担任学联评议部的议员。5 月 19 日，北京学联实行总罢课。罢课后，瞿秋白分别遭到两次被捕入狱。第二次入狱时，瞿秋白竟因劳累和伤痛而吐血。对此，瞿秋白曾在给姐夫的回信中提及“干了这平生痛快之事，区区吐血，算什么一回事!”

通过一系列爱国活动，瞿秋白逐渐认识到，中国民族要想实现民族独立，必须抛弃旧的封建思想，找到新的信仰与新的人生观。同年 11 月，瞿秋白与郑振铎、耿济之等人创办了《新社会》旬刊，提倡新文化。《新社会》宣传“没有一切阶级”,大家都是平等、自由、博爱的新思想。

1920 年 3 月，瞿秋白加入李大钊组织的马克思学说研究会。同年 4 月的《新社会》，就开始介绍马克思主义关于阶级、私有制和国家的产生和消亡的学说，认为想要改变这一现象，必须实行“激烈的改革运动——革命——根本的改造”。同年 5 月，《新社会》被北洋政府查禁。对此，瞿秋白并没有灰心，于同年 8 月另创《人道》旬刊，继续宣传新思想和社会革命。

赴俄探新路

1921 年 1 月，瞿秋白以北京《晨报》记者的身份，前往苏联考察。在这之前，亲朋好友们都很担心瞿秋白的身体状况，好言劝阻他不要去。他却说：“我入俄的志愿——担一份中国再生时代思想发展的责任。为大家辟一条光明的路。”于是，瞿秋白义无反顾地来到莫斯科。在莫斯科，瞿秋白看到中国与俄国的天壤之别。俄国实行的是没有压迫、没有剥削的社会主义制度。对此，他一心希望中国也能尽快实行社会主义制度。

1921 年 3 月，瞿秋白又一次生病。他还是跟往常一样，积极参加与劳动群众、知识分子互动，进行交谈，获取经验。同年 7 月，经医生诊断，瞿秋白患上了肺结核，卧床一个月，直到 9 月仍然出现吐血的情况。在俄国朋友的劝说下，瞿秋白也曾打算回国修养，但终究因感觉自己身上的担子很重，而放弃了回国。随后，瞿秋白又一头扎入忙碌的工作之中。

在俄期间，瞿秋白读了不少关于马克思主义的著作，写出几十篇文章，分别发表在北京《晨报》与上海的《时事新报》上。1921 年 5 月，瞿秋白担任莫斯科东方大学中国班俄文老师，兼政治课的翻译员。

1922 年 1 月 21 日，共产国际在莫斯科和彼得堡召开远东各国共产党及民族革命团体第一次代表大会，瞿秋白也受邀参加。此时，他的身体已经远远不及从前。医生告知他的肺叶已经溃烂，生命最多只能维持两到三年，希望他能好好休养。瞿秋白不顾医生的劝阻，坚持在大会上带病担任翻译工作。最终，瞿秋白因病情加重，出现神智模糊、高烧不退的症状，被人抬回高山疗养院。

瞿秋白在俄期间，写下了不少书籍。从书中，可以看出他的思想在不断成长进步。他在《我》一文中说到“‘我’不是旧社会之孝子顺孙，而是‘新时代’的活泼稚儿；我自是小卒，我却编入世界的文化运动先锋队里……”从这篇文章中可以看出，此时的瞿秋白已经从一名民主主义者成长为一名无产阶级战士。

回国助革命

1922年2月，经张太雷介绍，瞿秋白在莫斯科，加入中国共产党。同年11月5日，瞿秋白参加共产国际在彼得堡举行的第四次代表大会，商讨确定统一战线方针和东方问题。

1923年1月13日，瞿秋白回国抵达北京。阔别两年之久的祖国，此时依然在帝国主义和军阀统治之下。瞿秋白决心用自己在俄国两年时间里所学到的俄国共产党改造社会的道路和方法，改造旧中国。同年6月，他奔赴广州出席中国共产党第三次全国代表大会。在这次会议上，瞿秋白被选举为中央委员。会议期间，瞿秋白、毛泽东、张太雷等人反对党内“左”和“右”的错误思想，使大会通过了中国共产党与孙中山领导的国民党合作的正确决议，开始了国共第一次合作。

1924年年初，瞿秋白、李大钊、林伯渠、毛泽东等人一同出席国民党第一次全国代表大会。虽然，两党的合作的关系加快了中国革命的脚步，但国民党之中仍有一小部分右派人士，坚持反对孙中山改组国民党，反对共产党的加入，反对进行反帝反封建的国民革命。在瞿秋白的领导之下，党内同志们积极参加“西山会议派”、“国家主义派”等一系列的反对右派活动。此间，瞿秋白在上海创办了“上海大学”，为革命培养了不少精英骨干。

1926年1月，瞿秋白与毛泽东、林伯渠、吴玉章等同志一同出席国民党第二次全国代表大会，坚持与国民党右派展开斗争。大会上，瞿秋白担任了国民党中央候补执行委员。这年春天，病魔又一次向瞿秋白袭来。他的肺病加重，每日咳血，身体一日不如一日。住院卧床期间，瞿秋白坚持写下了《俄国资产阶级革命与农民问题》一书。

为真理挺身而出

1926年7月14日，国民党公布《北伐出师宣言》。陈独秀在国民革命军从北伐出师后，竟然自顾自地在《向导》上发布了一篇放弃党对北伐领导的错误理论，还主张把北伐的军事领导权拱手相让于蒋介石。对此一事，瞿秋白极度不满，便写了一本短小精悍的小册子。上面写道："斩首是中国皇帝的东方文化，是中国的家常便饭。但是我要做一个布尔什维克，我将服从真正列宁主义的纪律，我可不怕中国皇帝的斩首。我敢说：中国共产党内有别的派别，有机会主义，——中国托洛茨基式的机会主义，实际上是第二国际主义之雏形……如果再不明白公开的揭发出来，群众和革命要抛弃我们了……一切为革命的胜利！"这篇文章在中国共产党全国第五次代表大会上发布，人手一本。瞿秋白勇敢揭发了陈独秀的错误思想，可见他对革命是多么地忠贞。中共五大上，瞿秋白当选为中央委员、政治委员、兼政治局常委。

1927年初，毛泽东对湖南兴起的农民运动做了周密的考察，写出一份《湖南农民运动考察报告》。这篇文章只有一小部分被发表在《向导》上，其余部分则被彭述之扣下，不让发表。对此，瞿秋白气愤地对彭述之说："这样的文章都不敢登，还革什么命！"随即，他为这篇文章加了一篇序言，与毛泽东的原文一起印刷成手册，四处散发。

4月，蒋介石公开叛变革命，大肆逮捕屠杀共产党人。7月12日，共产国际指令改组中共中央的领导，陈独秀被撤职。在随后召开的八七会议上，瞿秋白被任为中国共产党的第二任最高领导人。八七会议是中国共产党的重要转折点，挽救了处于危机时刻的共产党人。在这次会议上，瞿秋白做出正确的决定，及时纠正了陈独秀的右倾机会主义，确定了开展土地革命与武装反抗国民党的具体方案。

从“偏”到“正”

在瞿秋白任职的一年时间里，中共中央先后组织领导了南昌暴动、广州暴动、秋收起义。对于这几次武装起义，瞿秋白只做政治指导，对于军事则选择放权。直到1927年11月，瞿秋白发现自己的思想有“左”倾错误。12月，广州起义的失败给瞿秋白很大的打击，同时也让瞿秋白有所醒悟，及时地纠正了自己所犯的“左”倾错误，于次年三四月，在中央临时常委会上作了诚恳地自我批评，其思想逐渐走上正确的道路。

1928年5月，瞿秋白到达莫斯科。6月，他参加了在莫斯科远郊的兹维尼果罗德镇主持召开的中共六大。大会上，瞿秋白认真检查了自己的错误，继续当选为中央委员。六大之后，瞿秋白在莫斯科待了两年。在这两年里，瞿秋白担任中共驻共产国际的代表团团长，李立三和向忠发则在国内进行直接领导。1930年春，瞿秋白被撤销了中国共产党驻莫斯科代表的职务。

1930年夏，瞿秋白回国后，发现李立三等同志又犯了“左”倾错误，导致党和革命受到了巨大损失。同年9月，瞿秋白主持召开了中共六届三中全会，结束了李立三的“左”倾错误。

次年年初，第六界四中全会在上海召开。大会上，瞿秋白被解除中央领导职务，离开了中央政治局。

投身最爱

离开中共中央的领导岗位后，瞿秋白并没有丧失信心，而是用另一种方式继续为共产主义事业做贡献。瞿秋白一边在上海养病，一边

做革命书籍翻译。尽管瞿秋白身居白色恐怖之中，又身患重病，每月只有十几块钱的生活费，但他一点也不畏惧，每天坚持工作约 16 个小时。在此后的两三年时间里，瞿秋白翻译了马克思列宁主义和苏联文学作品达一百多万字。一段时间以后，同志们再见到瞿秋白时，都感到很惊讶，没有想到他会如此的安详与平静，偶尔还展现出很风趣的样子。对此，同志们都很欣慰。

在上海的两三年时间里，瞿秋白与鲁迅结为挚友。在瞿秋白身处险境之时，鲁迅曾给予了很大的帮助，不仅为瞿秋白一家找到了安全住所，还为他提供了很多书籍。

1933 年年底，据中央指示，瞿秋白被调往中央苏区瑞金工作。离开上海的前一天晚上，瞿秋白与鲁迅彻夜长谈，并接受了一副鲁迅亲笔写的立轴："人生得一知己足矣，斯世当以同怀视之。"

瞿秋白抵达瑞金之后，出任中共中央工农民主政府主席团成员和教育委员、中华苏维埃共和国中央中央政府教育部部长，兼苏维埃大学校长。

从容赴刑场

1934 年 10 月，中央红军因第五次反"围剿"失败，被迫转移，开始长征。瞿秋白因肺病加重，无法参加长征，被留在瑞金继续担任中央苏区的领导工作。

◎瞿秋白就义前的留影

1935 年初，瞿秋白的病情恶化。党组织决定把瞿秋白送到上海看病。在去往上海的途中，瞿秋白等人不幸被国民党抓获。在敌人的严刑逼问下，瞿秋白不屈不挠地进行斗争，没有向敌人透露半点党组织的机密。随后，他又被带到国民党三十六师师部。师长宋希濂对瞿秋白的文笔颇为欣赏，因此对瞿秋白非常客气。瞿秋白心里很清楚，这只是敌人的小把戏而已。面对敌人的软硬兼施，瞿秋白丝毫没有动心。他抓住生命最后一段时间，写下了一篇长约两万字的文章——《多余的话》，作为临终前对自己的认知与分析。整篇文章展现了一个踏踏实实的瞿秋白，总结了他其一生的弱点、缺点以及经验教训。他用一种诚恳的态度，把自己的一切交给了党和人民。

敌人抓获瞿秋白三个月之久，没有从他嘴里套出一点有用的东西。1935 年 6 月 2 日，蒋介石发电报决定将他秘密处死。但是过了几天之后，没有一点动静。原来是蒋介石心存幻想，还想在最后关头试探一下瞿秋白，准备利诱。但瞿秋白对这些根本就没有兴趣。蒋介石的做法最终落得竹篮子打水一场空。

监狱的敌人对瞿秋白说："如果杀尽共产党人，革命便成功了！"瞿秋白当面训斥道："没有共产党人，革命不会成功！"

1935 年 6 月 18 日，福建省长汀县，瞿秋白坦然地走在前往中山公

◎瞿秋白烈士墓

园的路上，唱着俄语《国际歌》和《红军歌》，高声喊着“中国共产党万岁”、“中国革命胜利万岁”、“共产主义万岁”。

到达中山公园后，四周是那么的寂静，连小鸟都停止了鸣叫。瞿秋白走上凉亭，眼前有四碟小菜，一壶美酒。他独自一人坐在石凳上饮酒，表情很坦然，完全看不出是一个将要被杀之人。酒喝到一半的时候，他从容地说：“人生有小休息，有大休息，今后我要大休息了。我们共产党人的哲学就是鞠躬尽瘁，死而后已。”

说完这番话，瞿秋白起身走到公园凉亭前拍了遗照。他的姿势是那么的洒脱，双手向后背着，昂首直立，闲静之中流露出一股庄严肃穆的气概。瞿秋白缓步走出中山公园，走向位于长汀县西外街的罗汉岭，到达刑场后，他寻找一处草坪盘膝而坐，对刽子手微微一笑说：“此地甚好！”瞿秋白从容就义时，年仅 36 岁。

◎瞿秋白烈士纪念碑

参考书目

1.不屈的共产党人系列. 北京：人民出版社，1980

2.马继华. 马骏. 银川：宁夏人民出版社，1988

3.《方志敏传》编写组. 方志敏传. 南昌：江西人民出版社，1982

4.《方志敏的故事》编写组. 方志敏的故事. 北京：中国少年儿童出版社，1976

5.石英. 吉鸿昌. 天津：天津人民出版社，1960

6.朱文通. 李大钊传. 天津：天津古籍出版社，2005

7.《李大钊传》编写组. 李大钊传. 北京：人民出版社，1979

8.胡移山. 革命英烈成长的故事. 沈阳：辽宁人民出版社，2010

9.李畅培. 萧楚女传. 重庆：重庆出版社，1991

10.张帆. 萧楚女永不熄灭的红烛. 武汉：武汉出版社，2000

11.吕一民. 世界著名记者传. 郑州：河南人民出版社，1999

12.萧弓. 中华文化名人传（下册）. 郑州：河南人民出版社，1991

13.邓伟志. 现代中国著名人物. 上海：上海人民出版社，1987

14.湖北省社会科学院《陈潭秋传》编写组. 碧血洒天山——陈潭秋的故事. 武汉：湖北少年儿童出版社，1984

15.赵长安. 老革命家的恋爱、婚姻和家庭生活. 北京：工人出版社，1985

16.范济国. 中国革命史人物传略. 武汉：湖北教育出版社，1987

17.彭承福. 赵世炎. 重庆：重庆出版社，1983

18.新疆维吾尔自治区财政厅. 革命理财家毛泽民. 乌鲁木齐：新疆人民出版社，1994

19.刘统. 早年毛泽东. 上海：生活·读书·新知三联书店，2005